報價天王林信富分析師的

超省力
散戶投資術

林信富◎著

分享愈多　收穫愈多

　　差不多在 2010 年之後，我陸續開始在各大平面與電視媒體接受採訪與解盤分析，至今已經有 10 多年的時間。我發現隨著網路時代的來臨，手機下單的便利性大幅提升，因而造就了一波又一波的股市新手投入股票市場。

　　特別是當 2020 年新冠肺炎（COVID-19）疫情爆發之後，很多人在家上班或上課的同時，也會趁空檔投資股票，加上當時因防疫、人手不足、塞港等原因，更創造出一波航海王與鋼鐵人的大行情，吸引了更多年輕人投入股市。沒想到，後來行情急轉直下，市場上開始不時傳出很多年輕人當沖失敗、違約交割的新聞，真的是相當令人惋惜。

　　幾經思索之後，為了讓股市新鮮人能少走些冤枉路，並早日學到正確的投資觀念與方法，我決定將自己過去 20 幾年來所

累積的股市投資心得，不管是好的方法或失敗的經驗都跟大家分享，這也是《報價天王林信富分析師的超省力散戶投資術》這本書出現的緣由。希望能讓股市新鮮人透過本書學習，用最省力的方式進行投資。

我在整理資料的過程中，再次把自己過去曾經學過且有用的方法，做了一次系統化的總整理。而在寫書的過程中，更是不禁回憶起一路以來在證券市場中的心路歷程，只能說酸甜苦辣都有，箇中滋味真的要親身體驗過才知道。

透過這次寫書的過程，我同樣隱約感受到「當你分享的知識愈多，自己也能收穫更多」這個概念，就好像伍思凱〈分享〉這首歌的歌詞一樣：「與你分享的快樂，勝過獨自擁有，至今我仍深深感動。好友如同一扇窗，能讓視野不同……好友如同一扇門，讓世界開闊。」我剛好也能運用這次機會，把這些重要的技巧與觀念，再做一次深刻的複習。

在進入股市的這20多年間，由於早年網路上的資源並不多，一開始我先從技術面分析與籌碼面分析切入。特別是作為法人

交易員的第一線，每天不只看到、也會聽到很多資訊，這時會有一種「有為者亦若是」的雄心壯志油然而生，夢想著有一天能夠靠股票投資早日達到財務自由的境界。

這情節有沒有聽起來很熟悉？就跟在新冠肺炎疫情爆發期間，很多在家上課或在家上班的股市新鮮人所想的一樣，覺得自己可以成為很厲害的航海王或鋼鐵人，靠短線的殺進殺出，很快就能達到財富自由的境界。

當然，套句網路上所流行的一段話：「理想雖然很豐滿，但現實卻往往很骨感」。雖然每天一開始上班就盯著電腦螢幕上的 K 線圖猛看，但實際看了幾年下來，卻還是有一種績效時好時壞，彷彿瞎子摸象的感覺。

後來，隨著網路科技日益發展，股票交易的方式愈來愈自動化與電腦化，讓傳統依靠人力的股票交易模式也開始慢慢有所改變。

這時候基於對未來職涯的思考與規畫，我開始陸續準備並考

取了證券分析師與期貨分析師的執照,加上當下對於股票的研究正逐漸把注意力轉往基本面相關的領域,因此剛好趁著這次機會,從原本的業務部門轉到研究部門。

美國作家麥爾坎·葛拉威爾(Malcolm Gladwell)曾在《異數》一書中提到一個非常著名的「1萬個小時定律」:一個普通人想要成長為某個領域的高手或專家,通常需要1萬個小時的練習(如果按每天工作8小時、一週工作5天來計算,大約需要5年左右的時間)。但如果不是專業的投資人,光靠自己摸索,要花的時間絕對會更久。

隨著對投資工具了解愈多,我愈發體悟到,股市無法靠單一招式闖天下,必須集眾多工具之大成,才能有好的成效。故我也將這個體悟寫入書中,希望能幫助讀者在股市中獲利。

如何使用本書?

綜觀坊間大多數投資書籍,通常只講一個觀念(譬如有的只專講技術面、有的只專講籌碼面,或有的只專講總體經濟等)。

但當初在構思《報價天王林信富分析師的超省力散戶投資術》這本書的內容時，我仔細地回想自己過去 20 多年來，在學習投資過程中所遇到的困難點，以及最終是用什麼方法解決這些疑難雜症，我發現自己從來不是靠單一方法解決問題。

每個方法各有其優缺點，當你把愈多方法的優點融合在一起時，自然而然選股的成功率也就會更高，同時操作的績效也會大幅改善。所以除了第 1 章稍微介紹一下我自己的投資經歷以外，我把本書的內容大致分為 5 大重點：「總經分析篇」、「技術面分析篇」、「籌碼面分析篇」、「基本面分析篇」、「投資心法篇」，最後還會提及未來的產業投資亮點。希望透過這樣深入淺出的方式，能清楚傳授大家怎麼樣抓到像是原物料與不同產業之景氣循環的高低點。

如果你是股市新鮮人：

建議可以先從「技術面分析篇」開始看起，畢竟人是視覺的動物，對於有圖案的內容接受程度會是最高的，如此一來，便可以快速建立對股票的基本知識。對於股市新手，希望這本書能夠成為你最好的入門書，若能先打好技術面、籌碼面與基本

面的底子，再加上對總體經濟的景氣循環有基本的認識，之後你的學習之路肯定就能事半功倍。

在「技術面分析篇」當中，將會列舉目前台股最常見也最實用的技術指標，同時把其中一些實戰上應該注意的技巧與大家分享，幫助大家快速進入狀況，之後再依序學習籌碼面分析、基本面分析與總經分析等。當然，建立一個良好的投資心理狀態也是很重要的，所以我把「投資心法篇」也納入本書中。

如果你已有股票基礎知識，但績效卻時好時壞：

以我的經驗來說，通常這類投資人對股票投資大多數是以技術面分析的操作為主，之前賺錢的經驗往往很難複製到下次的投資上，所以常常會有績效波動起伏非常不穩定的情況，且容易踩到「假突破」或「假跌破」等技術面陷阱。在本書中，我會與大家分享，當年我是如何找到方法克服這些盲點與困難，進而一步一步提高自己選股的成功機率與操作績效。

建議這類讀者可以先從「基本面分析篇」開始看起，再認真思考一下裡面提到的產業架構與思考邏輯，一定會讓你有茅塞

頓開的感覺。打個比方來說，就像你的拳腳功夫已經略有小成，這時候再把內功（基本面分析）加強一下，之後你的每一拳、每一腿（技術面分析）一定可以發揮得更加得心應手。

有了基本面的知識後，你可以再回過頭來看「技術面分析篇」，了解在實戰操作上該注意的地方，並注意有哪些細節可能是你之前學技術面分析時忽略的。結合不同方法的優點，讓自己的操作可以做進一步的調整。

當然，也要記得把「總經分析篇」中與景氣循環有關的指標依序了解一次，你將更能抓到大盤與產業脈動之間的關聯性。

例如我在 2021 年第 1 季，在東森財經台的《理財達人秀》節目中有陸續介紹過鋼鐵股與航運股，在短短半年之內都有 2 倍～3 倍的漲幅，也因此被主持人兆華美女取了一個「報價天王」的稱號。之後還有電動車產業的鋰電池與第 3 代半導體等，以及最近科技中最熱門的人工智慧（AI）題材，也公開分享如何理解印刷電路板（PCB）產業中的銅箔基板（CCL）與機殼等產業。相信大家只要學會這套思路，就能讓自己選股與

操作的功力更上一層樓。

　　最後，我要感謝長期以來一直支持我的父母與家人、職場中的長官與同事、各大平面與電視媒體的主持人與工作人員，因為有大家的支持與幫助，才能讓我這一路走來不斷有學習與成長機會。此外，去年因為生病休息了好長一段時間，從一開始的檢查到後續治療的過程中，也感謝馬偕醫院、台大醫院與林口長庚醫院的各位醫師，一併在此致上我最誠摯的感激之情與謝意。

林信富

第1章

經驗分享篇

1-1 誤打誤撞踏入證券業
開啟股市奇幻之旅

　　話說從頭，關於甫入職場就踏進證券業，真的是一個美麗的誤會。我大學念的是公共行政，由於系上大部分同學在畢業後主要的出路都是考公務員，加上很多老師曾經擔任高普考的命題委員，所以本系同學高普考的錄取率，向來是各大校院相關科系中名列前茅的。

　　但說也奇怪，我打從一開始就對於考公務員這個選項沒有太大的興趣。大學畢業並服完兵役之後，就在思考自己應該要朝哪個方向做規畫與發展。巧合的是，一個高中好友恰好在此時提到，他現在任職的證券公司正在招募新人，有興趣的話可以過來試試看。我就這樣誤打誤撞一腳踏入了證券業，到目前竟已有 20 幾年了。

成為法人交易員，練就膽大心細的操作能力

　　因為本身並非是商學或相關科系的背景，所以初入證券業，我是

從業務開始做起的，而剛好我當時入職的證券公司是某大券商的總公司，所以資源相對算是豐沛許多。還記得一開始入職接受新生訓練，就剛好遇到股東會發放紀念品的旺季，我整整在櫃台跟著發了2週的股東會紀念品，也算是一個有趣的小插曲。

之後我被分配到法人交易組，一開始是先學習記股票代號與背股名這些最基本的工作，接著再了解如何掛單做交易，前前後後大概花了1個月～2個月熟悉這些基本的運作，然後就正式披掛上陣了。

法人交易員具體的工作內容到底有哪些呢？每天早上按照慣例要在8點先進行晨會，內容包括當日重點新聞的分析，之後輪流由各組做出結論與建議，最後再由主管提示當天的工作注意事項。

一般來說，晨會通常會在20分鐘～30分鐘之內完成，接下來便是快速就定位到位子上，因為有些法人客戶可能會先在8點半打電話來交代當日要執行的交易。除了盤中要忙著做各種買進、賣出的交易之外（有時候交易熱絡，連上廁所都要跑步來回），下午1點半收盤之後，還要快速做好結帳與回傳成交報告書，才算是順利完成一天的工作。

簡單來説，要成為一位好的法人交易員，必須「膽大心細＋手腳靈活」，接到任何客戶的指令都要能快速應對和處理，更會被要求就算在百忙之中也要避免出錯。除了要熟記每個客戶的交易習慣之外，到後來甚至還要記得重要客戶的聲音，這樣才能一接起電話就快速打開客戶的帳戶進行交易。

在每天忙碌的工作中，我們還要負責執行各大外資或投信的下單指令，而這些指令有時並非是單一的動作，而是需要盯盤一整天才有辦法完成的。

譬如説某外資下達指令，今天要買 2,000 張台積電（2330），但是又不能一筆單就把 2,000 張買單丟出去，因為怕會造成股價波動，影響買進的成本。這時外資會希望這 2,000 張的買單，可以在今天「分批且平均」的慢慢成交，所以你要隨時幫忙盯緊價格，並且做個漂亮的買進均價。在早期網路下單系統還不是很完善與方便的時候，上述這些盯價格與做均價的工作，很多都是要靠人工手動操作的。

有一次我記得，臨到最後收盤半個小時，才發現忘了幫某個法人

做一筆張數還不少的交易，這時候只好先不管價位，一路以市價買進，先求有買到再說。等到收盤後才猛然發現，我這一路市價買進的動作，在最後半小時把這檔股票的價格推升了半根漲停板（當時漲跌停板是 7%）。想當然耳，因為這個疏失，也被客戶與主管念了好一頓。

考取分析師執照，轉換跑道至研究部門

當時除了在工作上積極向公司前輩學習與請益之外，也開始試著自己去了解一些選股與操盤的技巧。與此同時，我還去考了證券分析師與期貨分析師的執照，沒多久後，我就從原本的業務部門轉換到研究部門。

在準備分析師執照考試的過程中，除了法規科目是「背多分」之外，包括會計學、投資學與經濟學等科目都必須從頭學起，也讓我把研究基本面必須要有的專業知識，做了一次完整的學習。

轉換跑道到研究部門後，最大的差異是從原本的資訊接受者變成了資訊提供者。研究部每天早上一樣 8 點要固定開晨會，但因為

研究部要提供當天的投資建議與匯總歐美股市當日最新的收盤資訊等，所以又要比之前提早 30 分鐘～ 1 個小時到公司蒐集資料，這樣才來得及提供最新整理好的資訊給業務單位。所以在研究部的這段時間，我每天早上大概都是 7 點～ 7 點半就到公司了。

而在下午 1 點半收盤之後，研究員還會安排參加法人說明會或是拜訪公司的行程，以了解產業與公司最新的發展。

在拜訪公司的過程中，也常有一些有趣的事情發生。舉例來說，中南部以傳統產業為主的公司通常比較熱情，拜訪結束後多會贈送一些與公司產品相關的紀念品，譬如曾經拿到一個馬桶造型的紙鎮與清潔用的香氛產品，有的公司甚至還會邀請大家一起聚餐，充分表現出中南部的熱情與好客。

至於北部，主要是以科技產業為主，像是印刷電路板（PCB）廠主要集中在桃園、IC 設計產業主要集中在新竹的科學園區……，因為距離比較短，通常都是當天來回。也有聽過同業結束桃園或新竹的拜訪行程，還要先回公司做第 1 階段的口頭報告，到第 2 天早上就要出具書面的報告與投資建議，工作行程可說是相當緊湊。

學會抓產業主流股，創造逾50%報酬率

從業務部門、法人交易組到研究部門，這段經歷讓我對證券市場的了解更加深入。回顧過去這 20 幾年，雖然中間換過幾家公司，也轉換過不同的職務，但都一直堅守在證券業這條道路上（反而當初介紹我入行的高中同學，隔年考到公銀行庫就立馬轉職了），也見證了台股從 2000 年以後發生的大小事。

而從業務部門轉換到研究部門的過程中，除了透過考分析師執照的過程把該有的專業知識建立起來，也在頻繁拜訪上市櫃公司的過程中，得到更多關於產業與公司發展的資訊，讓我的投資技巧在接下來數年的打磨中日漸成熟，逐漸形成一套專屬於我的投資方式。利用這套投資方式，讓我在最近幾年都可以成功抓到當年的產業主流股，創造 50%，甚至是數倍以上的投資報酬率。

1-2 穩紮穩打基本功 奠定日後投資實力

　　剛開始研究股票時，我是從技術面分析和籌碼面分析下手。初期接觸技術面分析的時候，我除了廣泛閱讀相關資訊之外，也有去上過一些技術面分析的進修課程，慢慢地開始對技術面分析有了一些心得，也會嘗試把學到的技巧應用於實際的操作上。接著，又加入了對籌碼面的研究與追蹤，逐漸研究出一套屬於自己的選股與操作邏輯。

用基本面＋總經分析，克服技術面選股盲點

　　關於技術面分析，我在後面章節會手把手和大家分享簡單且好用的指標，這是經過長時間去蕪存菁的實戰結果，裡面有許多實用且準確率高的幾項技術指標，可以縮短大家學習股票投資的時間，也能幫助大家避開很多可能誤觸的陷阱，因為該踩的雷，我已經先幫大家用真金白銀來回踩過好幾遍了。

　　至於籌碼面的資料，早期其實只有簡單的 3 大法人進出資料與融資融券的資料。現在大家比較常看到的分點進出、地緣券商進出、特定大戶進出，以及每週集保庫存變化等資料，大概都是在近幾年才有的。

　　在開始學習技術面分析與籌碼面分析的過程中，我對股市漸漸地有了初步的了解，但讓我印象非常深刻的是，初入股市的前 3 年～前 5 年，選股和操作績效其實差異性很大，也很不穩定。常常出現像是「為何明明長得 90% 類似的技術型態 K 線，上次可以讓我賺到錢，但等到這次再出現，我選擇重壓的時候，卻反過來害我賠錢？」到底是哪裡出了問題，才導致我選股的成功率與操作的績效起伏這麼大？

　　還記得那時候在我心中所萌生的第一個想法是：「是不是我有哪個技術指標的參數用錯了？還是市場上有哪個厲害的技術指標我還沒學到或學會？」

　　這種感覺要打個比方來說，就像是武俠小說大師金庸在其大作《天龍八部》中的主角段譽，明明好像手上有很厲害的武功（六脈神

劍），但每到關鍵時刻卻時而靈，時而不靈，常常令主角出現手忙腳亂的情況。

同樣的疑問與顧慮不只發生在我身上，不管是在教學或是演講的場合，我也常常被投資人問到這類的問題。

那到底要怎麼解決用技術面選股與操作常會遇到的問題與盲點呢？其實當我們把基本面的因子（包括各別產業趨勢的研究、財務報表的分析），以及總體經濟（以下簡稱「總經」）的循環等加進來之後，以前所遭遇到的各種疑問與難題，幾乎就可以解決 80% ～ 90% 了。

把投資當練功，以厚實基礎發揮最大威力

基本面研究雖然是進入門檻相對較高的一種分析方式，但我認為，這是決定一個投資人能不能在股市成為中長期贏家的關鍵因素。所以我常打個比方來說：「基本面有點像是在紮馬步練內功的過程，雖然一開始成效進展會比較慢，但只要努力不懈且持之以恆，你會發現之後你打出的每一拳或踢出的每一腳，威力肯定不同凡響。」

而這又不禁讓我聯想到《天龍八部》裡面的一個橋段，當原本的丐幫幫主喬峰（真名為蕭峰）被各大門派圍攻，在與少林寺高僧玄難對戰時，他使出一套武林中最廣為流傳，但招式平凡無奇的太祖長拳。金庸在書中描述道：「呼的一拳打出，一招『沖陣斬將』，也正是『太祖長拳』中的招數。這一招姿勢既瀟灑大方已極，勁力更是剛中有柔，柔中有剛，武林高手畢生所盼望達到的拳術完美之境，竟在這一招中表露無遺。」

為何同樣一個簡單的招式可以在喬峰的手中發揮出如此的威力？其實這是因為他原本就擁有很強大的內力（基本功），即便是最簡單最平凡的招式，在他的手中一樣可以發揮出不平凡的威力。

所以回歸到股市投資也是一樣的道理，當你把研究的功課加入總經和基本面相關的分析之後，很快地你一定會像我一樣，先前在技術面或籌碼面卡關的地方都可以迎刃而解了，投資功力必定也會跟著快速且大幅度的提升。在後續章節中，我將分別幫大家介紹關於總經分析、技術面分析、籌碼面分析以及基本面分析的相關知識。

第2章

總經分析篇

2-1 掌握總經情況 才能抓準投資良機

在台灣，股票市場已經是一般民眾重要的投資管道之一，也可說是另一種全民運動。特別是在 2020 年新冠肺炎（COVID-19）疫情爆發的時候，很多人被迫轉成在家遠距上班或上課，而當時台股挾著通膨與塞港等議題，讓鋼鐵股與航運股狠狠地漲了一大波（詳見圖 1），市場也不時傳出有新手「鋼鐵人」或「航海王」大賺 easy money（快錢）的新聞出現。

自此之後，陸續有許多新手投入股市交易，希望能夠一圓「輕鬆賺大（快）錢的夢想」。但是當大家前仆後繼投身其中時，真正能在股市中長期獲利的究竟有多少人？隨著賺快錢的時機過去，之後市場又多次傳出股市新手當沖航運股違約交割，個人信用一夕之間破產的新聞，令人不勝唏噓。

回首自己在投入股市 20 多年的研究與分享過程中，常常會有一

圖1 疫情期間，鋼鐵股、航運股股價狂飆
—— 鋼鐵、航運業月線圖

註：資料時間為 2020.02.03 ～ 2021.09.01　　資料來源：XQ 全球贏家

種感覺，「散戶」好像已經成為「有在投資股市，但卻很容易受傷的一群人」的標準代名詞！但其實只要掌握住幾個大原則，要有優於定存的獲利並不難，在選股上也能避開很多不必要的風險與陷阱。

好比投資人只要能先掌握總體經濟（以下簡稱「總經」）情況，接著再從「技術面＋籌碼面＋基本面」三位一體的概念做出發，並

透過了解產業基本面的趨勢，發掘出具有波段上漲潛力的產業與公司，最終就能成為在股市中長期穩定獲利的贏家。在下文中，我會先教大家如何掌握總經情況，其他部分將於後面章節陸續介紹。

降息＋企業獲利成長，是大多頭行情的催化劑

為何要掌握總經情況？人們常說，要成就一番大事業必定是「天時、地利與人和」3 大要素缺一不可，而總經就是所謂的「天時」。畢竟覆巢之下無完卵，在大環境不好的情況下，再好的產業或公司也難免會受到衝擊，股價同樣會隨之下跌（只是跌幅相對較少）。

舉例來說，我們可將總經簡單拆分成市場資金寬鬆（降息）和市場資金緊縮（升息），若再以企業獲利成長、企業獲利衰退來區分，則可將投資環境分為「市場資金寬鬆＋企業獲利成長」、「市場資金寬鬆＋企業獲利衰退」、「市場資金緊縮＋企業獲利成長」、「市場資金緊縮＋企業獲利衰退」4 大象限（詳見圖 2）。

其中最理想的狀態是「市場資金寬鬆＋企業獲利成長」，必定將帶動股市與公司的股價大幅走高。舉例來說，大家可以回想一下

圖2 降息＋企業獲利成長，將使大部分產業受惠
——投資環境4大象限

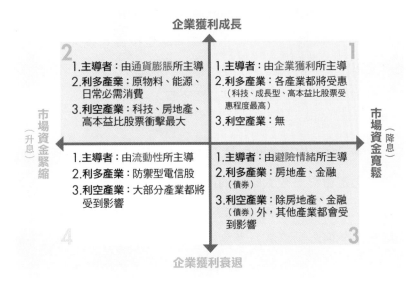

2020 年、2021 年那時候，由於受到疫情的衝擊，全球各國央行紛紛緊急祭出降息策略，除了安撫市場的恐慌情緒之外，也快速提供了充足的資金流動性，避免金融市場出現更大的危機。

與此同時，同樣受到疫情影響而引發的船員檢疫與各大港口塞港

等問題，讓貨櫃航運的運價開始大幅度飆升，也讓貨櫃三雄的長榮（2603）、陽明（2609）與萬海（2615）股價，在 2021 年的 3 月～ 7 月間，演出飆漲好幾倍的航海王大驚奇。甚至當時還發生一個趣聞，台灣知名論壇 PTT 上傳聞有某位投資人發文詢問：「為何每檔海運股股價都大漲，就自己手上的鴻海（2317）不會漲？」但名字中有「海」的不一定就是海運股啊！

反過來說，最不理想的狀態是「市場資金緊縮＋企業獲利衰退」，當下股市必定會經歷較大幅度的回檔。大家再回想一下，由於疫情期間通膨快速上升，美國聯準會（Fed）在 2022 年啟動「升息」與「縮表（全稱為「縮減資產負債表」，指 Fed 把之前印出去的鈔票逐步收回來）」，以兩大資金緊縮的舉措來對抗通膨，導致全球股市與債市在 2022 年出現大幅震盪。與此同時，在經歷 2 年的大多頭之後，很多產業也開始進入衰退循環期，譬如說手機與筆電等消費型電子產品，從 2022 年起銷售年增率都轉為負成長。

從前述內容可以看出，若市場資金寬鬆，搭配企業獲利佳，股市上漲可能性高；反之，若市場資金緊縮，加上企業獲利轉差，股市走跌的可能性就非常高。

美國重要觀察指標》
藉此洞悉全球資金板塊異動

　　2-1 提到，總體經濟（以下簡稱「總經」）就是所謂的「天時」，而在台灣股市中，體現總經情況最直觀的數據就是台股加權指數（即大盤）的多空走勢。當總經好時，台股大盤就會走多；當總經不好時，台股大盤則會走空。例如台股大盤曾在 2022 年 1 月見到 1 萬 8,619 點的高點，之後 3 月美國聯準會（Fed）開始進入升息循環，大盤出現一波快速且明顯的大幅度回檔，一直到當年 10 月底才止跌（最低點 1 萬 2,629 點），回檔近 6,000 點，跌幅高達 32.17%（詳見圖 1）。

　　至於要如何判斷台股大盤的多空？可以從美國與台灣的重要指標下手。看到這有些人會問，觀察台灣的重要指標這點很好理解，但為何還要關注美國的重要指標呢？這是因為美國是世界重要的經濟體，其經濟表現與台灣經濟息息相關，因此，了解美國重要指標數值變動對台股會造成哪些影響，是台灣投資人必做的功課之一。下

圖1 2022年Fed啟動升息循環後，台股下跌逾32%
——美國基準利率vs.台灣加權指數

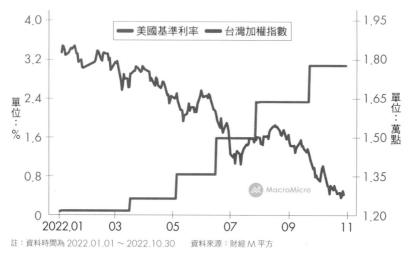

註：資料時間為 2022.01.01 ～ 2022.10.30　　資料來源：財經 M 平方

文先為大家介紹美國重要觀察指標，2-3 再介紹台灣重要觀察指標。

美國重要觀察指標共有 8 個，分別是國內生產毛額（GDP）成長率、消費者物價指數（CPI）年增率、生產者物價指數（PPI）年增率、個人消費支出物價指數（PCE）年增率、零售銷售數據、非農就業人口數（月增）、公債殖利率和美元指數（詳見表 1）：

表1 PCE年增率是最受Fed青睞的通膨指標

——美國8大重要觀察指標

美國重要觀察指標	發布時間	重點觀察
國內生產毛額（GDP）成長率	1月、4月、7月、10月的最後1週*	衡量一國／地區經濟最重要指標
消費者物價指數（CPI）年增率	每月10日～14日	通膨主要衡量指標之一
生產者物價指數（PPI）年增率	每月9日～15日	通膨主要衡量指標之一
個人消費支出物價指數（PCE）年增率	每月20日～31日	Fed最青睞的通膨指標
零售銷售數據	每月11日～14日	判斷經濟前景
非農就業人口數（月增）	每月第1個星期五	評估就業市場好壞
公債殖利率	隨時變化	衡量風險與收益
美元指數	隨時變化	美元強弱影響匯市表現

註：* 為第 1 次預測值，之後會再發布 2 次修正數

指標1》GDP成長率

GDP 是指一個國家或一個地區在某個特定期間內，所有生產的商品以及服務的市場價值，是用來衡量經濟成長的指標。我們一般討論的經濟成長率，其實指的就是 GDP 成長率，通常 GDP 成長率愈

高,就代表在這段期間內的經濟活動相當活躍,景氣動能也會愈為強勁。

指標2》CPI年增率

CPI 是反映與居民生活有關的產品及勞務價格統計出來的物價變動指標,而 CPI 年增率就是與去年相比的增長率。

指標3》PPI年增率

PPI 是衡量生產者在生產過程中所需原料、半成品和最終產品等價格變動情況的指數,而 PPI 年增率就是與去年相比的增長率。

指標4》PCE年增率

PCE 是衡量個人消費支出價格變動情況的指數,而 PCE 年增率就是與去年相比的增長率。

上述的 CPI、PPI 與 PCE 3 項指標皆可用來衡量通膨狀況,故可

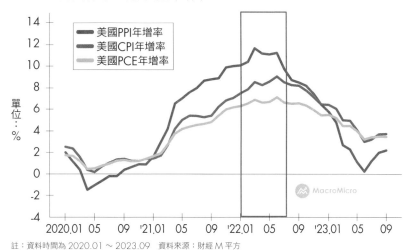

圖2 疫情期間，美國通膨相關指數不斷飆高
——PPI vs. CPI vs. PCE年增率

註：資料時間為 2020.01 ～ 2023.09　資料來源：財經 M 平方

一同觀察。至於為何要觀察通膨狀況？因為就美國來說，Fed 的政策目標主要有 2 項：「維持物價穩定」與「達成充分就業」，而物價是否穩定就與通膨息息相關。

不過，在追蹤 CPI、PPI 與 PCE 等通膨指標時，要關心的並非絕對數字，而是相較上個月或去年同期的成長率。像在新冠肺炎

（COVID-19）疫情期間，各項通膨指標的數據不斷飆高，PPI 年增率在 2022 年 6 月衝上 11.23%、CPI 年增率衝上 9.06%，PCE 年增率亦在同月衝上 7.12%（詳見圖 2），而這也是 Fed 必須要採取一連串快速且大幅度升息的主因。唯有通膨回穩，物價才會跟著回穩。

指標5》零售銷售數據

零售銷售數據是美國人口普查局（U.S. Census Bureau）每個月隨機抽樣 1 萬 2,000 家企業所做的統計調查，並於每月 11 日至 14 日公布前月數字，是衡量消費動能的指標。

而零售銷售依使用年限不同可區分為「耐久財（通常指至少能使用 3 年以上的財貨，約占 35% ～ 40%）」與「非耐久財（約占 60% ～ 65%）」。

美國是全球第 1 名的消費大國，GDP 有 70% 左右是由消費所貢獻，其中零售銷售又占了消費大約 40% 的比重，因此，零售銷售數據是美國總經中非常重要的參考指標。消費動能的好壞，很大程度

上決定了美國經濟的成長或衰退。

指標6》非農就業人口數（月增）

　　非農就業人口數是指美國在非農業部門受僱人數的總和，可以用來衡量美國就業市場現況。

　　就整體經濟來說，持續增加新的工作機會，是衡量未來消費者支出的重要先行指標，有了穩定的工作與收入，民眾才敢消費。

　　一旦經濟前景不佳，將往往導致企業經營不善，之後公司歇業或關廠也在所難免，此時失業率也將同步往上攀升。當消費者面臨失業或裁員時，通常會先選擇勒緊褲帶，盡量減少非必要性支出，如此一來，將對消費行為造成很大的影響。

　　一般來說，藉由非農就業人口數的月增變化，可以觀察短期新增的就業動能，失業率則代表長期就業市場的趨勢。

　　通常在經濟穩健期間，非農就業人口數（月增）會落在 15 萬人～

40 萬人之間，失業率則會不斷降低；而當經濟步入衰退時，非農就業人口數（月增）會率先翻負，接著失業率才開始上升，反映就業市場放緩的趨勢（詳見圖 3）。

指標7》公債殖利率

在談論公債殖利率之前，必須先來說明什麼是債券。

債券是指由中央政府、地方政府，或是私人企業公司所發行的一種債務工具，用來向投資人借錢，籌措運營所需的資金。如同一般的貸款，債券發行人亦將定期支付利息，並在規定的時間過後，也就是年期屆滿之後，償還本金。

實務上，債券是股票之外另一個重要的投資工具，根據品浩太平洋投顧（PIMCO）的資料，債券也是目前世界上最大的金融證券市場，總金額高達 100 兆美元以上。

債券依據發行人的不同，可以區分為政府公債、地方公債，以及公司債等不同的類型。而在所有的債券當中，美國公債是最重要的

圖3 失業率上升前，非農就業人口數會率先下降
——美國非農就業人口數（月增）vs.美國失業率

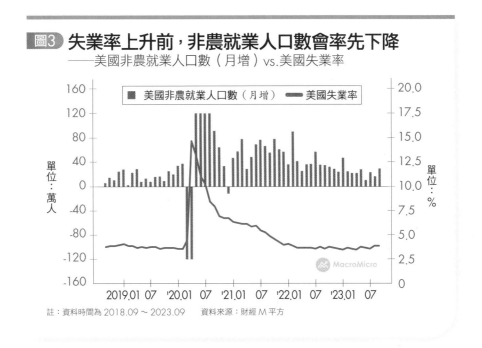

註：資料時間為 2018.09 ～ 2023.09　　資料來源：財經 M 平方

一項參考指標。

　　由於美國公債是由美國政府的信用作擔保，理論上沒有違約的問題，所以美國公債在大多數情況下，是全球資本市場一個非常重要的避險標的。美國公債殖利率也可被視為無風險利率，同樣是判斷景氣循環的重要指標之一。

指標8》美元指數

美元指數是在美國洲際交易所（ICE）掛牌交易的一項金融商品，是由美元對 6 個主要國際貨幣（歐元占 57.6%、日圓占 13.6%、英鎊占 11.9%、加拿大幣占 9.1%、瑞典克朗占 4.2%、瑞士法郎占 3.6%）的匯率，進行加權幾何平均計算而來，反映著全球資金流出／流入美國（美元）的趨勢，是可以用來衡量資金動向的重要指標。

通常美元指數走弱的時候，資金會往其他市場移動（也包含台股之內的新興市場，詳見圖 4）。在外資進入台灣後，新台幣會出現升值走勢，其中會有一部分的資金轉往股市買股，就是大家常常聽到的「股匯雙漲」。就過去經驗來看，「股市上漲」和「新台幣匯率升值」兩者常同步發生。

透過以上幾項重要的經濟指標，可以大致了解美國經濟目前的狀況，畢竟美國是全球最大的經濟體，加上美國股市又匯聚了全球各大領域的一流龍頭廠商，譬如科技業的蘋果（Apple）、微軟（Microsoft）、谷歌（Google）與亞馬遜（Amazon）等，還有非

圖4 美元指數走弱時，資金會流入台灣帶動台股走強
——美元指數vs.台灣加權指數

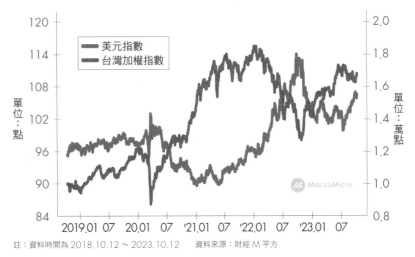

註：資料時間為 2018.10.12 ～ 2023.10.12　　資料來源：財經 M 平方

電子的麥當勞（McDonald's）、可口可樂（Coca-Cola）與嬌生（Johnson & Johnson）等，可以說美國經濟一舉一動的變化，都會牽動全球資金板塊的移動。

台灣重要觀察指標》
用於判斷大盤未來走勢

看完美國重要觀察指標，接著來看台灣重要觀察指標。

　　台灣重要觀察指標共有 12 個，分別是外資現貨買賣超、外資期貨買賣超、外資選擇權部位、大盤融資餘額變化、大盤融資維持率變化、新台幣兌美元匯率、台灣外銷訂單年增率、台灣外銷出口統計、景氣燈號、景氣指標、製造業採購經理人指數（PMI）和未完成訂單減客戶存貨，分述如下（詳見表 1）：

指標1》外資現貨買賣超

　　根據金管會主委在 2023 年 4 月中赴立法院備詢時的資料顯示，外資持股比率達 40%，顯示外資在台股已經是最大的法人機構，外資的買超或賣超，成為左右台股指數漲跌一股非常大的力量，值得我們持續觀察與追蹤其變化。

表1 新台幣兌美元匯率可用來衡量外資對台股態度
——台灣12大重要觀察指標

台灣重要觀察指標	發布時間	重點觀察
外資現貨買賣超	每天下午4點以後	外資連續買超，台股上漲機率高；外資連續賣超，台股下跌機率高
外資期貨買賣超	每天下午3點以後	外資期貨買超對大盤看法偏多，賣超對大盤看法偏空
外資選擇權部位	每天下午3點以後	外資選擇權部位變化請見表2解釋
大盤融資餘額變化	每天晚上	大盤融資餘額增加，股市上漲機率高；大盤融資餘額減少，股市下跌機率高
大盤融資維持率變化	每天晚上	大盤融資維持率跌破150%，代表市場處於恐慌狀態，股市容易出現轉折點
新台幣兌美元匯率	隨時變化	新台幣升值，台股上漲機率高；新台幣貶值，台股下跌機會增
台灣外銷訂單年增率	每月20日	外銷訂單年增率增加，台灣出口景氣好轉；外銷訂單年增率減少，台灣出口景氣惡化
台灣外銷出口統計	每月7日	可從出口分類細項找出產業趨勢
景氣燈號	每月27日	藍燈買、紅燈賣，投資勝率高
景氣指標	每月27日	可以從細項中觀察各個產業的變動
製造業採購經理人指數（PMI）	每月月初（前3個工作天）	PMI在50以上表示景氣擴張；在50以下表示景氣衰退
未完成訂單減客戶存貨	每月月初（前3個工作天）	可用於觀察製造業何時即將出現成長或衰退

註：台灣外銷訂單和台灣出口總計逢例假日順延公布

一般來説，外資若連續且密集的買超，那麼台股在這段時間內都會以上漲居多；相反的，如果外資在一段時間內連續調節做賣出，大盤指數通常也會易跌難漲。

外資當日進出的資料，台灣證券交易所每天下午 4 點以後都會公布（網址：www.twse.com.tw/zh/trading/foreign/bfi82u.html）。當然，現今各大電腦看盤軟體或券商的下單 App 都有相關資料的整理，方便投資人進行查詢。

不過外資並非都會一直連買或一直連賣，如果在外資忽買忽賣的情況下，有的法人機構會統計外資近 5 日、近 10 日或近 20 日的進出，以累計的方式找出目前外資的動向到底是偏多還是偏空（詳見圖 1）。

指標2》外資期貨買賣超

理論上，期貨具有「正面的避險功能、負面的投機功能，以及對商品價格發現之指標性功能」等 3 大功能，而外資由於資金規模大，所以如果只有單方面的買進或賣出現股，其風險將會非常大。特別

圖1 從外資累計買賣超，可觀察大盤是偏多或偏空
——台灣加權指數vs.外資近20日累計買賣超

圖例：台灣加權指數　外資近20日累計買賣超

2023 年 5 月中下旬，外資近 20 日累計買賣超由負翻正之後，加權指數就從大約 1 萬 6,000 多點漲到 1 萬 7,000 多點

單位：萬點

單位：億元

2023.02.14　03.16　04.18　05.17　06.14

註：資料時間為 2023.02.14 ～ 2023.06.14　　資料來源：永豐期貨

是在遇到特殊事件（譬如新冠肺炎（COVID-19）疫情），市場出現非理性殺盤的情況下，外資龐大的現股部位將有可能出現重大的損失。

因此，法人機構通常會在買進現股的同時，配置反向的期貨部位作為避險之用，以備不時之需。但在行情正常交易的情況下，外資

有時候也會以「做多期貨＋買超現貨」的方式賺取超額利潤。

指標3》外資選擇權部位

　　選擇權（Option）是一種可以交易的權利或契約，由買、賣雙方簽訂契約後，決議到期日、標的物、履約價格以及買賣數量。選擇權作為衍生性金融商品的一種，也是一種帶有槓桿的工具，可以達到用一小部分資金達到避險的效果。

　　買方為了得到選擇權履約的權利，必須事前支付權利金，之後不管有沒有履約，這筆金額都不可以拿回來。至於賣方，在收到權利金之後，未來就要負擔起履約的義務與責任，而且為了保證賣方不會違約，賣方還需要交付一筆金額，當作給中介機構（期交所）的保證金。

　　一般而言，當買方的都是預期未來行情的波動將變大（不管是往上漲或往下跌），一旦漲過或跌破當初約定的履約價格，買方就開始產生利潤。至於選擇當賣方的，通常預期未來行情會在一個區間內來回震盪，等到截止日時，該選擇權（無論是看大漲或大跌）無

表2 買買權，代表投資人看大漲
——選擇權策略4大象限

	買（Buy）	賣（Sell）
買權（Call）	看大漲	看不漲
賣權（Put）	看大跌	看不跌

履約價值，就可以把當初買方所付的權利金落袋為安（詳見表2）。

指標4》大盤融資餘額變化

融資是指投資人想要在一定期間內擴張資金槓桿的交易方式，向其下單的證券商借入資金來買股票，如此一來，投資人就能用較少的本金買進心儀的股票，等到股價上漲後賣出股票，最後再將原本借入的錢及這段期間相對應的利息給券商，以此賺取中間低買高賣的價差。

由於股票市場容易出現大漲時過於樂觀，或是大跌時過於悲觀的情況，因此，大盤融資餘額變化可以作為判斷大盤轉折的一個參考指標——大盤融資餘額增加，股市上漲機率高；大盤融資餘額減少，

則股市下跌機率高（詳見圖 2）。

指標5》大盤融資維持率變化

融資維持率是指融資投資人所持有的股票市值與融資金額的比率。通常使用融資交易來買股票時，可分為「上市（TSE）」與「上櫃（OTC）」2 種。買進上市股票投資人須自備 40% 本金，券商會提供另外 60% 資金；買進上櫃股票時，投資人則必須自備 50% 本金，券商會另外提供 50% 資金（更多融資資訊詳見 4-2）。

股票在走大多頭行情的時候，免不了會有些投資人想要透過放大槓桿的方式來增加獲利，也就是用融資的方式買進股票。但由於融資具有槓桿的效果，一旦行情轉為空頭，投資人又沒有適時做好停利或停損，最後往往會發生「融資維持率不足」，不得不把股票拋售在低點（或是被券商強制斷頭）。

因此，投資人在操作時，除了可觀察個股的融資維持率以外，更重要的是觀察大盤的融資維持率。從近 5 年的資料來看，多數時間，大盤融資維持率都介於 150% ～ 170% 左右，一旦大盤融資維持率

圖2 融資單日大減逾百億元，通常是股市大跌的訊號
——台灣加權指數日線圖

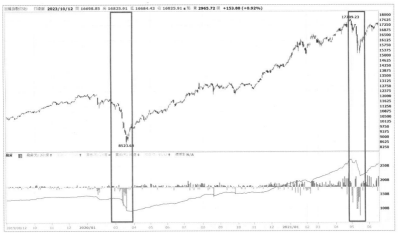

註：資料時間為 2019.08.12 ～ 2021.06.17　　資料來源：XQ 全球贏家

跌破 150%，代表當下市場處在一個非常恐慌的狀態中，股市容易
出現轉折點（詳見圖 3）。

指標6》新台幣兌美元匯率

在國際資本流動的過程中，匯率升貶對股市的影響非常大。在外

資熱錢匯入的同時，也會將部分的資金運用於投資台股，增加台股的資金動能，這時股市通常易漲難跌。相反的，如果外資熱錢撤出（外資賣股走人），新台幣的匯率轉為走貶，股市的表現也通常較為平淡，甚至會出現較大的回檔修正。

簡單來說，國際資金（熱錢）匯入，新台幣匯率升值，代表台股上漲機率高；反之，國際資金（熱錢）匯出，新台幣匯率貶值，代表台股下跌機會增。

指標7》台灣外銷訂單年增率

台灣是以外銷出口為主的經濟結構，出口占國內生產毛額（GDP）比重高達 65% ～ 70%，相比我們亞洲競爭對手韓國的 50% 來說，比重更高。

由於台灣以出口為大宗，因此一般來說，當全球經濟情勢大好時，台灣的經濟也會表現良好；但相對地，當全球景氣面臨下行風險之際，對我國的經濟衝擊也會比歐美國家還要嚴峻。像是 2022 年，由於通膨飆升與企業消化高庫存，當年台灣 GDP 成長率便降至

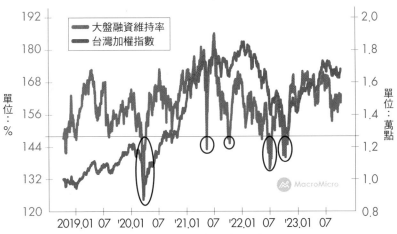

圖3 **大盤融資維持率跌破150%，股市易出現轉折點**
——大盤融資維持率vs.台灣加權指數

註：資料時間為 2018.10.12 ～ 2023.10.12　　　資料來源：財經M平方

2.35%，也創下近 6 年來最低。

　　也由於台灣外銷出口占 GDP 比重高，所以觀察外銷訂單的變化，也是判斷台灣景氣好壞的一個關鍵指標。如果外銷訂單年增率增加，表示台灣出口景氣好轉；如果外銷訂單年增率減少，表示台灣出口景氣惡化（詳見圖 4）。

　　2023 年上半年比較特別的是，雖然整體外銷出口仍在谷底徘徊，但股市已先行大漲一波，主要原因是生成式人工智慧（AI）突然成為一顆萬眾矚目的科技業閃耀新星，如由 OpenAI 所開發的 ChatGPT 應用程式，在短短 2 個月之內就超過 1 億人次使用，成為史上最短時間內破億人使用的應用程式。

　　而電子硬體製造向來就是台灣的強項，根據新聞報導，有高達 80% ～ 90% 的伺服器產業供應鏈是由台商所構成，這也是 2023 年很多大型電子龍頭股，會從以前大家印象中的牛皮股，突然華麗變身為飆股的主要原因。有關 AI 與伺服器產業，在 7-2 也會有更詳細的介紹。

指標8》台灣外銷出口統計

　　觀察出口的重要指標有 2 種，除了前面提到，由經濟部統計處每月 20 日發布的每月外銷訂單以外，還有由財政部每月 7 日所發布的台灣出口總值。兩者最大的差異處在於：外銷訂單可能是以台灣接單，但在海外生產與出貨的模式，可以作為出口的「領先指標」；而出口總值則是從台灣出貨，通過海關輸出到國外的實質出口金額。

圖4 台灣外銷訂單年增率減少，股市也會隨之走跌
——台灣外銷訂單年增率vs.台灣加權指數

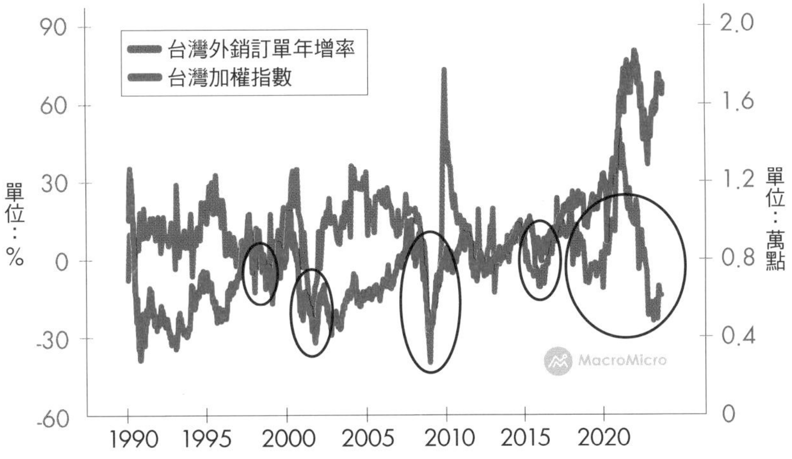

註：資料時間為 1990.01.01 ～ 2023.10.12　　資料來源：財經 M 平方

　　財政部在做統計時，除了有總體的出口金額與年增率變化之外，還依產業類別做了區分，包含電子零組件、化學品、基本金屬、塑橡膠、機械、礦產品、紡織品、資訊通信、光學器材與交通運輸設備，可以更方便觀察每個次產業的變化。

　　觀察 2023 第 2 季的出口表現，除了資訊通信在 4 月及 5 月呈

現正增長之外，大多數的產業依然呈現衰退（詳見圖5）。回推台股在2023第2季的表現，題材強勁的AI產業，有很多公司營收與獲利都還沒出來，但資訊通信分類裡所涵蓋的產業（包含筆電及其零組件、伺服器、顯示卡、手機及其零件、交換器、路由器、儲存媒體，其中筆電及其零組件為此項占比最大宗）與公司，已經在2023上半年繳出營收正成長的成績單。

指標9》景氣燈號

景氣燈號的正式名稱叫「景氣對策信號」，是由紅燈、黃紅燈、綠燈、黃藍燈和藍燈等5種不同顏色的信號燈來代表景氣狀況。這5種燈號由綜合分數所決定，而綜合分數又由9項指標所構成（註1），每項給予1分～5分，所以綜合評分就會落在9分～45分之間。

不同顏色的景氣燈號所代表的意義分別如下：當景氣燈號亮「紅

註1：組成景氣燈號的9項指標為貨幣總計數M1B、海關出口值、股價指數、工業生產指數、製造業銷售量指數、製造業營業氣候測驗點、非農業部門就業人數、機械及電機設備進口值、批發、零售及餐飲業營業額。

圖5 ## 2023年4月、5月，僅資訊通信產業呈正增長
——台灣出口產業年增率

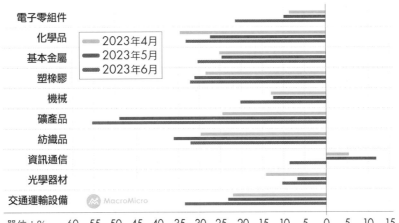

單位：%　-60 -55 -50 -45 -40 -35 -30 -25 -20 -15 -10 -5 0 5 10 15

註：資料時間為 2023.04 ～ 2023.06　資料來源：財經 M 平方

燈」時，表示當前景氣熱絡；亮「綠燈」時，表示當前景氣穩定；亮「藍燈」時，表示目前景氣低迷；至於亮「黃紅燈」以及亮「黃藍燈」時，兩者均為注意性燈號，表示需要密切觀察後續景氣是否會出現比較大的變化。

　　那麼，在不同的景氣燈號下，我們應該如何採取相對應的投資策

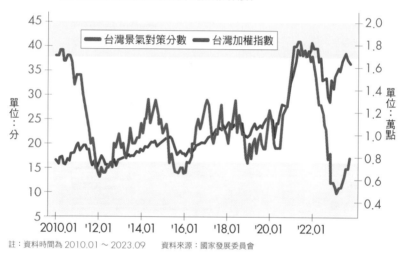

圖6 大盤落底時間和景氣對策分數低點非常接近
——台灣景氣對策分數vs.台灣加權指數

註：資料時間為 2010.01 ～ 2023.09　　資料來源：國家發展委員會

略呢？這邊引用《史記》古籍中，我覺得形容得非常貼切的一段話：
「貴上極則反賤，賤下極則反貴，貴出如糞土，賤取如珠玉，財貨
欲其行如流水。」用白話文簡單來說，就是當某項物品貴到極點時，
就要將它視如糞土般地賣掉；相反地，當某項物品賤到極致時，則
是要視如珠玉一般地買入，如此一來，財貨的運行就可以像流水一
般順暢。

表3 **藍燈買、紅燈賣，成功機率較高**
——景氣燈號結合投資策略

景氣燈號	藍燈	綠燈	紅燈
綜合分數（分）	9～16	23～31	38～45
景氣狀況	經濟活動低迷	經濟表現穩定	經濟活動旺盛
建議操作策略	景氣低迷，也會讓股市表現不佳，但卻是投資人逢低布局的好時機	已經持有股票者可續抱持股，依然空手者則找機會進場卡位	景氣可能有過熱的疑慮，應逐步開始做獲利了結出場的規畫

　　如果結合景氣燈號與大盤指數來觀察，可以發現大盤落底的時間點幾乎都跟景氣燈號的藍燈區（詳見圖6藍色區塊）非常接近，投資人可以擇機買進。反過來說，當景氣燈號進入紅燈區（詳見圖6紅色區塊），雖然在當下一定是利多消息不斷，市場出現一片歌舞昇平的景象，但投資人反而要戒慎恐懼，並逐步開始做獲利出場的準備。

　　若把「景氣燈號結合投資策略」整理成表格，將如表3所示，只要拉長時間來看，且不必開槓桿，這樣一個穩健的投資方式，成功機率可說是接近100%。

指標10》景氣指標

除了景氣燈號以外，國家發展委員會（以下簡稱「國發會」）還會定期公布「景氣指標」。景氣指標又可分為「領先」、「同時」與「落後」3種：

①景氣領先指標

景氣領先指標是指具有反映「未來」景氣變動性質之指標，其轉折點通常會「先行於」景氣循環轉折點發生。我國景氣領先指標由「外銷訂單動向指數（以家數計）」、「實質貨幣總計數M1B」、「股價指數」、「工業及服務業受僱員工淨進入率」、「建築物開工樓地板面積（住宅、商辦、工業倉儲）」、「實質半導體設備進口值」及「製造業營業氣候測驗點」等7項構成項目組成。投資人可藉由觀察景氣領先指標的變動，來預測未來景氣之變動。

②景氣同時指標

景氣同時指標是指具有反映「目前」景氣變動性質之指標，其轉折點常與景氣循環轉折點同步發生。我國景氣同時指標由「工業生產指數」、「電力（企業）總用電量」、「製造業銷售量指數、」「批

發、零售及餐飲業營業額」、「非農業部門就業人數、「實質海關出口值」、「實質機械及電機設備進口值」等7項構成項目組成。

③景氣落後指標

景氣落後指標是指具有反映「過去」景氣變動性質之指標,其轉折點常「落後於」景氣循環轉折點。我國景氣落後指標由「失業率」、「製造業單位產出勞動成本指數」、「金融業隔夜拆款利率」、「全體金融機構放款與投資」、「製造業存貨價值」等5項構成項目組成。投資人可觀察景氣落後指標的走勢是否和先前景氣領先指標和景氣同時指標的走勢一致,作為再次確認趨勢使用。

指標11》製造業PMI

由國發會所調查與發布的PMI,也是觀察景氣動向的一個重要指標。通常PMI在50以上代表景氣擴張,50以下代表景氣衰退。

製造業PMI以「新增訂單數量」、「生產數量」、「人力僱用數量」、「存貨」,以及「供應商交貨時間」等5個分類細項編製而成,其他參考指標包括原物料價格、客戶存貨、出口訂單、未完成訂單、

進口原物料等,也均以 50 作為景氣擴張與衰退的分水嶺。

指標12》未完成訂單減客戶存貨

　除了製造業 PMI 之外,還有一個綜合性指標,可以讓我們更為精確地掌握台灣出口強弱的轉折點,並且找出台股進出場的時間點與買賣的方向,那就是將「未完成訂單」減去「客戶存貨」。

　「未完成訂單」為考量產能與新接訂單下,尚未完成交貨的部分。大於 50 表示未完成訂單量上升;小於 50 則表示訂單量下滑。

　「客戶存貨」則象徵客戶端的存貨情形。高於 50 顯示需求小於供給,下游廠商的庫存水位已高,對上游訂單的需求量將有所下降;低於 50 表示需求大於供給,下游廠商需要更多的貨品,進而持續刺激增加訂單。

　將兩者相減後可發現,通常在「未完成訂單減客戶庫存」大於 0 時,表示目前訂單擴張中,且客戶端銷售狀況佳,將帶動未來一段期間內良好的訂單循環。相反的,假設在「未完成訂單減客戶庫存」

圖7 未完成訂單減客戶庫存與大盤呈正相關
——製造業PMI未完成訂單減客戶庫存vs.台灣加權指數月線圖

註：資料時間為：2012.06～2023.08　　資料來源：CMoney

小於 0 的狀況下，即顯示客戶端存貨目前過高，且訂單有縮手，訂單循環朝在一定期間內是往負面發展。

如果將「未完成訂單減客戶庫存」與加權指數月 K 線放在一起比較，可以發現兩者之間有很明顯的正相關性（詳見圖 7）。主要原因在於，台灣是一個以外銷出口為主的經濟體，因此製造業訂單狀

況的好壞，將會直接影響到後續出口的實際情況。而若是再搭配客戶端的庫存情況，便可以得出一個更為客觀且值得投資人持續追蹤的數據。

在實際應用上，由於股市是經濟的先行指標，當「未完成訂單減客戶庫存」負值不再破底且從低檔開始回升時，代表製造業的訂單有回溫，訂單能見度稍微提高；通常觀察 2 個月～ 3 個月確定訊號落底後，此時股市可能也剛好從底部開始要轉強了，不用等到指標真的轉正，股市已經脫離低檔區一段時間了。

股市的表現與景氣的好壞兩者之間密不可分，觀察上述這些景氣指標，可以了解全球與台灣景氣的現況，進而幫助我們判斷目前大盤是處於上漲期或下跌期。而且可以透過拆解更細部的數據，找到目前景氣向上成長的產業，創造更好的投資績效。

實際運用總經指標 評估景氣現況

看完美國和台灣需要關注的重要指標以後，接著我們可以來看一下，全球、美國與台灣目前的景氣狀況。

全球》2023年Q3起，主要企業獲利轉正

全球景氣方面，根據彭博（Bloomberg）與富邦投顧整理的資料，以涵蓋 23 個開發國家市場、1,700 多家企業的 MSCI 全球指數來看，在眾多利空打擊下，2023 年上半年獲利表現呈現低迷，不過每股盈餘（EPS）低點已在 2023 年第 2 季出現，自 2023 年第 3 季起，全球主要企業的獲利季增率（QoQ）和年增率（YoY）同步出現正成長。

前幾年新冠肺炎（COVID-19）疫情爆發期間，全球供應鏈生產斷鏈，加上船員檢疫與塞港等因素導致物流異常，貨櫃運輸曾經一

櫃難求。為了確保貨源，科技大廠紛紛改採高庫存政策（即所謂 overbooking），導致後來累積了大量庫存待消化。

此外，疫情爆發之後，全球央行快速降息穩定經濟，導致資金寬鬆，加上 2022 年俄烏戰爭引發原物料價格上漲，並帶動通膨，最終導致消費需求端快速萎縮。

科技業的庫存調整最快是在 2022 年第 2 季時，由繪圖卡率先啟動，桌上型電腦（PC）、手機、半導體產業隨後跟進，在歷經近 1 年的修正後，2023 年第 2 季的面板、PC、手機等大多數電子產品的庫存，已逐漸回跌至長期平均水位。

美國》2024年可能降息約1個百分點

美國景氣方面，2023 年 9 月，隨著全球通膨已經有明顯降溫，美國銀行協會（ABA）經濟諮詢委員會成員（註 1）認為，聯準會（Fed）已完成緊縮循環，2024 年可能轉而降息約 1 個百分點。

ABA 表示，儘管美國經濟可能躲過衰退，但有鑒於借貸成本升

高，2024 年的成長將顯著放緩。目前委員會預測美國國內生產毛額（GDP）成長率，將從 2023 年預估增長 2%，減緩到 2024 年的 1.2%，主要原因就是高利率將對經濟成長造成一些負面影響。ABA 預估，2024 年美國通膨率將可從目前的 3.2% 回落到 2.2%，此外，美國聯準會偏愛使用的通膨衡量指標──個人消費支出物價指數（PCE）年增率，預料也將減速到 2% 內。

同時，ABA 委員會亦提醒，聯準會為了對抗通膨，從 2022 年起開始了一連串的激進升息循環，恐在未來對美國經濟產生更多壓力，消費者預估將會削減支出，企業也會減少資本支出的投資。

另一方面，美國聯準會在 2023 年 11 月聯邦公開市場委員會（FOMC）的會議再次暫停升息，聯邦資金利率維持在 5.25% ～ 5.5% 區間，一定程度上緩解了市場對於利率持續走高的擔憂，美國 10 年期公債殖利率之後也應聲下滑。

註 1：ABA 經濟諮詢委員會主要由摩根大通（J.P. Morgan）、摩根士丹利（Morgan Stanley）、富國銀行（Wells Fargo）等大型銀行的經濟學家組成。他們通常會定期提交經濟預測給美國聯準會主席鮑爾（Jerome Powell）與其他決策官員作為參考。

表1 FedWatch預測，2024年最快3月～5月降息

會議日期	3.25~3.50	3.50~3.75	3.75~4.00	4.00~4.25	4.25~4
2023.12.13	—	—	—	0.0	0.0
2024.01.31	0.0	0.0	0.0	0.0	0.0
2024.03.20	0.0	0.0	0.0	0.0	0.0
2024.05.01	0.0	0.0	0.0	0.0	0.0
2024.06.12	0.0	0.0	0.0	0.0	0.9
2024.07.31	0.0	0.0	0.0	0.7	17.3
2024.09.18	0.0	0.0	0.5	13.7	33.8
2024.11.07	0.0	0.3	8.9	26.5	33.2
2024.12.18	0.2	6.4	21.4	31.2	25.0

註：資料時間至 2023.11.30　　資料來源：芝商所 FedWatch

　　從用來預測未來聯準會升降息機率的芝商所 FedWatch 工具觀察，截至 2023 年 11 月底，市場普遍共識都認為：在 2023 年年底前，聯準會將不會再進行升息（也很有可能代表本次升息循環已經結束）。

　　但值得注意的是，即使聯準會未來不再升息，但利率仍可能維持在 5% 以上的高水準一段時間。由於目前美國經濟景氣依然穩健，

——FedWatch升降息機率

利率區間（％）				
4.50~4.75	4.75~5.00	5.00~5.25	5.25~5.50	5.50~5.75
0.0	0.0	0.0	97.1	2.9
0.0	0.0	4.0	93.2	2.8
0.0	2.0	48.6	48.0	1.4
1.2	30.1	48.2	19.9	0.6
23.0	43.8	26.9	5.3	0.1
38.4	31.2	10.9	1.5	0.0
32.8	15.3	3.5	0.4	0.0
21.6	7.8	1.5	0.1	0.0
11.8	3.3	0.5	0.0	0.0

通膨也高於聯準會目標（通常為 2%），市場預期，2024 年聯準會最快降息時間點可能落在 3 月～ 5 月附近（詳見表 1）。

根據金融數據供應商 Refinitiv 的統計數據顯示，截至 2023 年 11 月 24 日，已有 96% 的美國標普 500（S&P 500）指數企業公布財報，目前預估美國整體企業 2023 年第 3 季獲利將達 7.1%，將擺脫自 2022 年第 4 季以來的困境。

接下來，美國企業獲利有望重回成長軌道，預估 2023 年美國整體企業獲利年增率為 2.6%，而 2024 年甚至有機會成長至 11.4%。隨著美國整體企業獲利回升，轉好的財報基本面將有助於支撐美股表現。

台灣》經濟可望逐漸好轉

台灣景氣方面，可分別從出口數據、GDP 數據，以及景氣燈號等來觀察：

1.以出口數據衡量

以台灣 2023 年 8 月的數據來看，出口年增率的減幅已經縮小至個位數的 -7.3%（7 月是 -10.4%）。

若將台灣出口年增率再以各地區或國家劃分，美國與中國兩大訂單已有緩步墊高的跡象，顯示消費型電子開始穩定回溫，加上 2023 年突然暴紅的人工智慧（AI）伺服器相關商機，讓整體出口數據都有所改善。其中對美國出口已恢復至 8.8%（前 1 個月為 -3.26%）的正成長；作為出口主要支撐，對中國出口減幅也持續

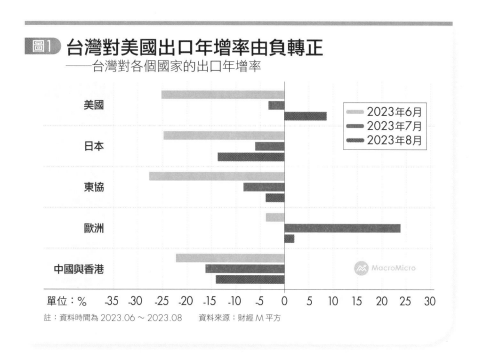

圖1 台灣對美國出口年增率由負轉正
——台灣對各個國家的出口年增率

單位：％

註：資料時間為 2023.06 ～ 2023.08　　資料來源：財經 M 平方

收斂至-14.1%（前 1 個月為 -16.3%）。而且在 2023 年 8 月後，台灣出口將迎來低基期紅利，預計出口動能進一步回升的趨勢不變（詳見圖 1）。

除了觀察台灣出口地區和國家以外，若細看台灣外銷出口的分類項目可發現，相關電子產品的比重超過 50% 以上（註 2），也因此，

全球半導體相關銷售數字的好壞，很大程度上決定了台灣外銷出口成績單的好壞。

根據美國半導體產業協會（SIA）所發布最新新聞稿指出，2023年9月全球半導體銷售額較2023年8月成長1.9個百分點，是連續第7個月月增率（MoM）正成長，雖然仍較2022年9月年減4.5個百分點，但年減幅度也是創今年以來最低，顯示半導體產業已經確定由谷底開始復甦。

而SIA總裁兼執行長約翰·紐佛（John Neuffer）也表示，2023年9月全球半導體銷售額已是連續第7個月月成長，強化了2023年年中晶片市場的積極趨勢，由此可見，半導體需求的長期前景仍然強勁。

從前述來看，全球電子產品銷售開始回溫，有望帶動台灣未來經濟發展。

註2：2022年我國主要出口產品中，最大出口項目為電子零組件，占整體出口比重41.7%；其次為資通與視聽產品，占整體出口比重為13.5%，兩者合計已來到55.2%。

2.以GDP數據衡量

我們再從 GDP 的角度來衡量目前經濟現況。

台灣行政院主計總處 2023 年 11 月 28 日公布最新經濟預測，預估 2023 年第 3 季初步統計經濟成長率（即 GDP 年增率）為 2.32%，與 10 月概估數 2.32% 持平，第 4 季預估會進一步成長到 5.22%。

而 2023 年全年實質 GDP 規模雖上調，惟前 2 年規模亦上修而墊高基數，致 2023 年全年經濟成長率下修 0.19 個百分點至 1.42%（為 14 年來新低）；但行政院主計總處對於 2024 年台灣經濟仍是持正面看法，預期經濟將成長 3.35%（上修 0.03 個百分點），消費者物價指數（CPI）上漲 1.64%。

3.以景氣燈號衡量

此外，我們前面有提到由國發會每個月所公布的景氣對策信號，這也是一個判斷景氣好壞的重要參考指標。

觀察近 1 年台灣景氣燈號可發現，從 2022 年 11 月～ 2023 年

8月，連續出現10個月的藍燈（詳見圖2）。參照歷史經驗，台灣景氣燈號史上最長是連續出現15個月藍燈，此次「連10藍」則是史上第3次。之前2次「連10藍」分別是2011年11月起（因為歐債危機導致全球景氣受創），以及2016年3月起（科技景氣下滑影響貿易動能）。

2023年9月，景氣燈號終結「連10藍」，轉為黃藍燈，原本市場預期景氣即將好轉，但國發會2023年11月27日發布最新10月景氣燈號，因出口再度翻黑，加上受全球景氣復甦步調較為緩慢的影響，景氣對策信號綜合判斷分數為16分，較9月減少1分，燈號再度從黃藍燈，跌回代表景氣低迷的藍燈。

不過，國發會經濟處副處長邱秋瑩認為，2023年10月景氣分數和燈號回跌只是短期現象，以新台幣計價的10月海關出口值是1兆2,300億元，9月則為1兆2,400億元，顯示我國出口量能有維持住，10月出口並不差，預期11、12月出口應轉為正成長，11月景氣燈號將再轉為黃藍燈。

關於未來經濟情勢，邱秋瑩表示，這波景氣復甦動能較平緩，但

圖2 2023年9月，景氣燈號終結連10藍

──台灣景氣燈號及分數

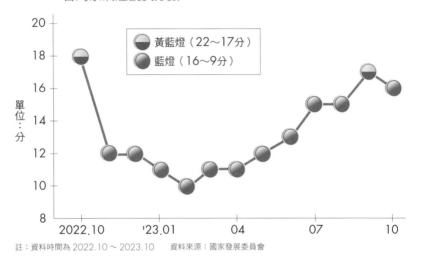

黃藍燈（22～17分）
藍燈（16～9分）

單位：分

註：資料時間為 2022.10 ～ 2023.10　　　資料來源：國家發展委員會

還是持續好轉。預期智慧化科技應用持續擴展，加上歐美各國進入年底採購旺季，提升備貨需求，有助帶動外貿表現。

第3章

技術面分析篇

認識7大要素
看懂股價漲跌訊號

3-1

技術面分析、籌碼面分析與基本面分析，是股票投資的 3 大研究主題。若以資料的「時效性」來看，是技術面＞籌碼面＞基本面；但以資料的「重要性」來說，則是基本面＞籌碼面＞技術面。

但在此我要特別強調，技術面分析、籌碼面分析與基本面分析，是研究股票投資的 3 大面向，這 3 種方法各有其優點與缺點，當你蒐集的資訊愈完整，研究的功課做得愈仔細，那你做出正確投資決策的機率一定會愈高。

以我這 20 多年來長期研究與實際操作的心得來說，目前在進行投資操作時，所配置的比重大約是技術面與籌碼面各占 30%、基本面占 40%（詳見圖 1）。

應用在實際操作上，如果只偏重某一項技能，就一定會有盲點與

圖1 投資可以基本面為主，技術面、籌碼面為輔
——3種研究方法占比

技術面
30%

基本面
40%

籌碼面
30%

顧此失彼的情況發生，畢竟幾百年來還沒有人發明一種投資股票能保證穩賺不賠的方法（如果真的有人可以發明出來，肯定可以拿到諾貝爾獎），所以最好的方式就是透過不同的篩選條件來交叉比對後再做確認，這樣就可以大大降低誤判的可能性。

　　這章先為大家介紹一下技術面的相關概念，後續再介紹籌碼面和基本面。

　　當投資人最初開始接觸股票投資的時候，最常見也最容易入門的分析方法，非技術面分析莫屬了。就連坊間常見那些股票投資的相關書籍，大概也有 80% 左右在講技術面分析。為何技術面分析那麼受歡迎呢？因為對新手投資人而言，技術面分析在學習上是最容易上手的。學好技術面分析這門功課，將可以讓我們快速對股票的漲跌建立基本的概念。

　　技術面分析一般可分為 2 種：第 1 種是圖表分析（以 K 線型態為主，例如道氏理論或艾略特波浪理論等）；第 2 種則是以技術面指標為主（例如 KD 指標、MACD 指標與 RSI 指標等）。早期一開始做技術面分析的研究者，主要是以圖表分析為主，但由於很容易受到個人主觀判斷的影響，後來市場才逐漸發展出可用數據公式計算的技術指標，相對較為客觀。

　　雖然技術面分析無法讓我們百分之百預測對明天股價的漲跌，但在協助我們判斷未來趨勢上，還是有一定的幫助，就像市場上常會聽到的一句話，「趨勢很難形成，可一旦形成就很難改變」。由於技術面分析是很容易「量化」的指標，所以學習技術面分析，有助於我們在篩選股票的過程中，更快速且更有效率的找到符合我們選

股條件的個股。

根據我的觀察，技術面分析的要素一般有以下幾種：

要素1》量和價

「量」與「價」一般都會同步觀察，從量價關係，投資人可以推論出目前股價是偏多還是偏空？買進與賣出的力道目前到底是誰比較強？這些分析方法，我們在 3-2 提到「量價關係」時，會再做更詳細的說明。

要素2》時間

目前市場上最常見的「時間」技術面指標就是所謂「費波南希係數」，通常會抓 5 天、8 天、13 天、21 天、34 天、55 天等等，作為股價易出現轉折的時間點（詳見圖 2）。

費波南希係數是由義大利數學家費波南希爵士所發明的，原理如下：開始先固定是兩個 1，只要將前 2 個數字相加，就會得到下一

個數字，而神奇的是，如果把後面的數字除以前面的數字再減1，最後的結果都會是逐漸趨近於0.618（又稱為「黃金切割率」）。

當行情出現變化時，無論是低點的止跌轉漲，或是高檔的止升轉跌，黃金切割率都可以近期股價重要高低位置間的漲跌幅作為計量的基礎，也就是下文所提——股價「空間」概念的重要參考依據。

要素3》空間

目前市場最常見的「空間」技術面指標就是「黃金切割率」，也是由前面的費波南希係數演變而來，將原股價區間內漲跌幅按0.191、0.382、0.5、0.618、0.809，分割為5個黃金切割點。當股價上漲（或下跌）時，依照黃金切割率，其漲勢（或跌勢）在股價漲幅（或跌幅）接近或達到0.191、0.382、0.5、0.618、0.809時，易出現壓力或支撐。

要素4》趨勢

趨勢可分為「上升趨勢」與「下降趨勢」，主要是由短、中、長

圖2 費波南希係數後面的數值會逐漸趨近0.618
——費波南希係數

期均線的架構來做判斷。當短期均線在中期均線上方,且中期均線在長期均線上方時,即為上升趨勢;反之則為下降趨勢。

要素5》型態

型態是從K線的組合來做判斷與觀察,常見的型態有多頭吞噬或空頭吞噬、紅三兵或黑三兵、跳空缺口等等,3-2會再做更詳細的介紹。

要素6》角度

角度是看多空買賣力道的強弱，角度愈陡的（無論是正斜率或負斜率），代表當時買方追價（正斜率）或賣方拋售（負斜率）的力道愈強勁。

要素7》轉折

轉折是綜合以上幾個技術面分析指標，在股價相對低檔或高檔時，預先觀察到行情可能即將出現變化，進而提早準備進場低接或高歌離席。

因為股價在盤中交易的時間內持續變動，是立即且最快反映市場買賣狀況的訊號，所以技術面分析有一個很大的優點，就是它的即時性，特別是對近年很熱的當沖或隔日沖短線交易者來說，幾乎大部分都是技術面分析派的信徒。

不過由於技術面分析的範圍非常廣泛，各種指標所強調的重點也不一樣，不管是一般常用的或是很少人聽說過的，技術面分析指標

應該有上百種以上，對於剛接觸股市的投資人來說，難免會有眼花撩亂的感覺。因此建議初學者可以先從市場最基本，也最常用的幾種指標開始接觸與嘗試，找出自己使用起來最有心得且成功率最高的，最後再把這幾項納為你的選股或操作指標。故在 3-2 中，我將幫大家介紹一些好用的技術面指標。

3-2 基礎技術面指標》
K線、均線、量價關係

　　有鑑於每個人的交易風格不同，交易時間長短也不同，所以我打算介紹實用性較高的幾個技術面指標，像是K線（又稱為K棒）、均線、KD指標、MACD指標、RSI指標與乖離率（BIAS）指標等等，同時再補充幾個我覺得在實戰中可以特別觀察的指標參數設定。

　　我們就先來看看K線的相關介紹：

K線》記錄某一週期的價格表現

　　相傳K線圖源自於日本德川幕府時代，是當時日本米市商人用來記錄米市的行情與價格波動，後因其細膩獨到的標畫方式，很快地被引入到股市及期貨市場。由於用這種方法繪製出來的圖表形狀頗似一根根蠟燭，加上這些蠟燭有紅、黑（或紅、綠）之分，因此也叫「陰陽線」（詳見圖1）。

圖1 當收盤價大於開盤價，會以紅K線表示

—— 紅K線vs.黑K線

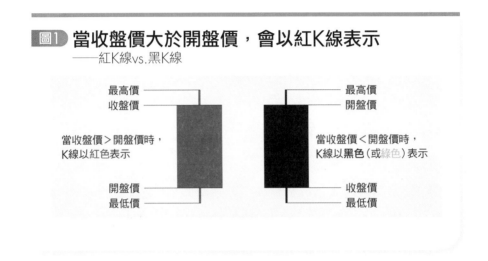

通過Ｋ線圖，我們能夠把每日或某一週期的價格表現完全記錄下來。而股價經過一段時間的連續Ｋ線組合，在圖形上即形成一種特殊區域（或稱為「型態」），不同的型態顯示出不同意義，投資人可進一步從這些型態的變化中尋找出其「有規律」的走勢。常見的重要Ｋ線型態有下列幾種：

1.紅K多頭吞噬與黑K空頭吞噬

吞噬（又稱為「穿頭破腳」）是指當行情走在一段上升或下降趨勢中，出現「最新一日Ｋ線實體（指Ｋ棒不包含上下影線的部分）」

完全覆蓋「前一日K線實體」的情況，其中完全覆蓋是指高有過前一日的高點，低有過前一日的低點。若吞噬伴隨成交量同步放大，通常代表接下來的行情即將出現反轉。

而吞噬又可分為「紅K多頭吞噬」與「黑K空頭吞噬」2種：

①紅K多頭吞噬：當行情走在下降趨勢軌道中的時候，突然發現最新一日的K線實體紅K棒完全覆蓋前一日的K線實體黑K棒，代表行情由多頭拿回主控權，這時我們就稱之為「紅K多頭吞噬」（詳見圖2-❶）。

②黑K空頭吞噬：當行情走在上升趨勢軌道中的時候，突然發現最新一日的K線實體黑K棒完全覆蓋前一日的K線實體紅K棒，代表行情很可能即將要由多翻空，這時我們就稱之為「黑K空頭吞噬」（詳見圖2-❷）。

2.紅三兵或黑三兵

紅三兵是常見的多頭表態訊號，主要是由3根實體紅K棒所組成，依序上升形成紅三兵型態，是一種很常見的K線組合型態，一

圖2 紅K實體大於前一日黑K實體，即為紅K多頭吞噬
——以台灣加權指數日線圖為例

註：紅K多頭吞噬的資料時間為2022.12.15～2023.03.08；黑K空頭吞噬的資料時間為2023.07.10～
　　2023.08.24　　資料來源：XQ全球贏家

旦這樣的K線組合出現，那麼股價之後看漲的機率就相對大（詳見圖3-❶）。

通常股價在下降趨勢中出現紅三兵，很有可能是趨勢翻轉的信號；如果是在股價橫盤整理期間出現紅三兵的K線組合，則通常是股價即將發動波段攻擊的前奏。使用紅三兵有一個非常重要的觀察指標，

就是需要伴隨「成交量」同步放大，那麼此一紅三兵K線組合的型態更佳，後面上漲的機率更大。

至於黑三兵則是紅三兵的相反，股價在高檔區或橫盤整理後，出現連續3天放量下殺的實體黑K棒，即有很大機率是股價即將反轉向下的轉弱訊號（詳見圖3-❷）。

3.跳空缺口

跳空缺口是一種多方（往上跳空）或空方（往下跳空）的強力表態訊號，一般當出現跳空缺口時，是一種非常強力的買進或賣出訊號，當股價出現強勢往上或往下的跳空缺口時，後面的走勢發展往往比較容易出現較大的漲勢或跌勢，因此，跳空缺口對於未來價格的走勢具有很大的參考依據。

跳空缺口依出現時機不同，又可分為以下3種（此處以多方角度解釋說明，空方角度則剛好相反，大家可自行確認）：

①**突破缺口**：當股價在低檔盤整區時，出現的第1個向上跳空缺口，通常可以視為「突破缺口」，這是多方趨勢強勢表態的一種訊

圖3 出現紅三兵且成交量放大，後續看漲機率高
──以技嘉（2376）日線圖為例

註：資料時間為 2023.04.20 ～ 2023.09.18　　資料來源：XQ 全球贏家

號（詳見圖 4-❶）。突破缺口一般都會伴隨著成交量同步放大，表示股價後面再續漲的機率大增。而且只要此缺口沒有被回補（指股價回到跳空前的價格），就代表股價走勢在短期之內，都具有一定的強度。

②**逃逸缺口**：出現突破缺口後，股價雖仍處於上行趨勢，但因為

股價不可能天天都漲，中間也會有出現盤整的時候，而若盤整後再度出現向上跳空缺口，就表示多方趨勢尚未結束。由於這第 2 個向上的跳空缺口也不容易被回補，因此在這種情況下所發生的跳空缺口，通常稱為「逃逸缺口」（詳見圖 4- ❷ ）。

③**竭盡缺口**：當股價趨勢一路上漲來到高檔區時，往往會吸引愈來愈多人注意，也容易出現投資人見利多追高搶買的動作，此時股價在高檔區易再度出現向上的跳空缺口。但若在缺口出現後的 3 天～5 天左右，發現價格有點漲不太動，且該缺口在短時間內就已經被回補封閉，則此一缺口通常稱為「竭盡缺口」，往往代表這一個波段的行情已經告一個段落了（詳見圖 4- ❸ ）。

均線》一段時間內，買賣雙方的平均成交價格

在對 K 棒有了基本的認識後，接下來就可以對「移動平均線（以下簡稱「均線（MA）」）」做進一步的認識。

移動平均線是過去 N 個交易日的股價，或者某一指數的平均成交價格（通常是以收盤價來計算），也是過去 N 個交易日中，買進與

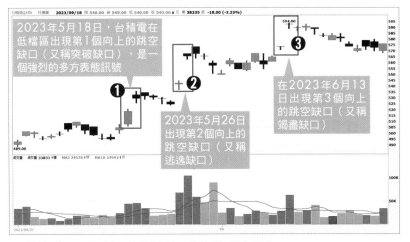

圖4 出現向上跳空缺口，代表未來股價上漲機率大
——以台積電（2330）日線圖為例

2023年5月18日，台積電在低檔區出現第1個向上的跳空缺口（又稱突破缺口），是一個強烈的多方表態訊號

❶

❷

2023年5月26日出現第2個向上的跳空缺口（又稱逃逸缺口）

❸

594.00

在2023年6月13日出現第3個向上的跳空缺口（又稱竭盡缺口）

489.00

註：資料時間為 2023.04.27 ～ 2023.06.30　　資料來源：XQ 全球贏家

賣出的「平均成本」。簡單來説，均線代表過去一段特定時間內，買賣雙方的平均成交價格。

　　目前一般均線常使用的參數為：5 日、10 日、20 日（月線）、60 日（季線）、120 日（半年線）、240 日（年線）。過去因沒有週休 2 日，週六還有交易，故仍有較資深的老一輩投資人習慣使

用6日、12日、24日（月線）、72日（季線）、144日（半年線）、288日（年線）。

1.常用均線

接下來，我將幫大家介紹幾條比較常用的均線：

①日 K 線參數設 20MA

根據長期的實證研究，1 檔確立走強勢中長多格局的股票，股價在突破關鍵價或關鍵整理區間後，一路上通常會維持在 20 日均線（20MA）之上，特別是收盤價，更不該跌破 20MA。也就是說，強勢股的股價一旦正式跌破月線（3 天之內站不回去），接下來投資人就要開始留心是否應執行停利或停損。

②日 K 線參數設 60MA

在所有的均線當中，季線（60 日均線（60MA））是很多教科書或投資人會特別關注的一條均線。根據實證研究，在季線以上的「黃金交叉」（不論是均線、KD 指標、MACD 指標或是其他技術指標的黃金交叉都可以，詳見延伸學習）出現之後，股價持續往上再漲一段的機率會遠遠高於季線以下的黃金交叉（詳見圖 5-❶）；相反

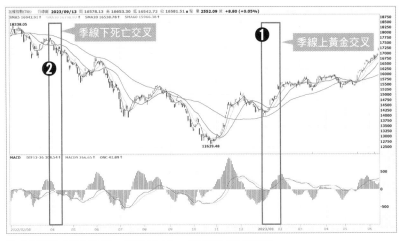

圖5 在季線上出現黃金交叉，股價後續上漲機率高
——以台灣加權指數日線圖為例

註：資料時間為 2022.02.08 ～ 2023.06.13　　資料來源：XQ 全球贏家

的，在季線以下的「死亡交叉」，股價往下再大跌一段的機率也會比較高（詳見圖 5- ❷）。運用以上觀念，投資人在操作上就可以避免技術指標在高檔鈍化或低檔鈍化時，太早出手的風險！

　　季線的位置或價格，代表最近 1 季（或 60 日）投資人的平均持股成本，當現在的股價大於 60 日的平均值時，代表目前股價位置

在季線的上方，在近1季買進的投資人多數處於獲利狀態。相反的，如果股價目前的位置在季線下方，則代表在近1季買進的投資人處於虧損狀態。

此外，均線或季線的斜率也是一個重要的觀察指標，在一個穩定的多頭架構中，季線的走勢會往右上方穩定上升（即所謂的正斜率）；反之，如果在一個空頭架構中，季線的走勢會往右下方發展（即所謂的負斜率）。

③日K線參數設200MA

200日均線（200MA）是國外技術面分析教科書中很常見的一個參數，也是一個比較偏中長線波段的技術面分析選股方式，主要是透過「股價創200日新高」與「股價站上200MA」，這2個條件同步達到來完成。

其實股市向來有著「錦上添花」而非「雪中送炭」的特性，所以當股票在上漲的過程中，往往強勢股就是會看回不回的一路愈走愈高。而且在股價上漲的過程中，還會持續吸引到市場關愛的眼神，之後也陸續會有法人機構跳出來出具看好或買進的報告與評等，所

以運用「股價創 200 日新高」加上「股價站上 200MA」這樣的選股邏輯來評估，就可以很快速且有效率的找出即將發動波段漲勢的個股。

不過投資人在使用此一策略時，須注意 2 大要點：1.200MA 的趨勢要向上（即斜率為正）；2. 創 200 日新高的當天最好同時伴隨成交量放大，K 線型態上如果有大長紅 K 棒或是向上跳空的缺口，成功的機率會更高（詳見圖 6）。

④週 K 線參數設 20MA 與 50MA

在 K 線的架構中，通常較長期的均線影響力會大於短期的均線，例如月線的影響力 > 週線的影響力 > 日線的影響力，所以如果我們在日 K 線的架構下發現 1 檔個股有多方轉強的跡象，那麼就可以再用週 K 線的架構來做雙重確認。

從國外與技術面分析有關的教科書以及長期實戰案例之中，我們能夠得知，「週 K 線 20MA」與「50 日均線（50MA）」這 2 個參數可以作為投資人良好的參考指標。因此在實際應用上，我們可以注意以下 3 個要點：

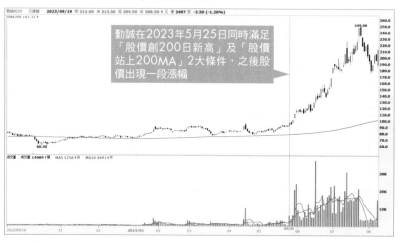

圖6　股價創200日新高並站上200MA，後續有望走高
──以勤誠（8210）日線圖為例

勤誠在2023年5月25日同時滿足「股價創200日新高」及「股價站上200MA」2大條件，之後股價出現一段漲幅

註：資料時間為 2022.09.16 ～ 2023.08.09　　資料來源：XQ 全球贏家

❶股價同時站上週 K 線 20MA 與週 K 線 50MA（詳見圖 7）。

❷週 K 線 20MA ＞週 K 線 50MA（即均線的黃金交叉）。

❸週 K 線 20MA 與週 K 線 50MA 的趨勢向上（即斜率為正）。

⑤月 K 線參數設 120MA

在月 K 線的參數中，120 日均線（120MA）相當特別，也就是

圖7 股價站上20MA與50MA後，就一路攀升
——以台光電（2383）週線圖為例

註：資料時間為 2021.07.12 ～ 2023.09.04　　資料來源：XQ 全球贏家

所謂的 10 年線。

回顧過往台股長期走勢，在遇到重大利空事件的時候（2008 年金融海嘯除外），台灣加權指數（即大盤）往往差不多回測到 10 年線這個長期大支撐就止穩。譬如 2020 年影響全球的新冠肺炎（COVID-19）疫情，大盤一測到 10 年線就快速收腳並留了下影

線（詳見圖 8）。

　　每次在回測 10 年線的同時，絕對都是市場非常悲觀或是氣氛十分低迷的時候，但只要能拉長時間來看，台股大盤 10 年線絕對是一個「相對低點」，只要在此時陸續進場布局，等到景氣從谷底開始復甦，即使完全不選股，買類似元大台灣 50（0050）這樣的市值型 ETF，都可以取得不錯的投資報酬率。

　　看完上述幾條重要的均線以後，下面還有一些與均線有關的知識要和大家說明：

2.均線多頭排列與空頭排列

　　當股價發動上漲，K 棒會隨之快速上揚，其中以最短期的 5 日均線（5MA）反應最快，斜率會開始轉正，緊接著是 10 日均線（10MA）、20 日均線、60 日均線、120 日均線以及 240 日均線（240MA），其斜率也都會接著轉正，此時稱之為「均線多頭排列」。

　　簡而言之，均線多頭排列就是所有較短期的均線皆大於較長期

圖8 **近10多年來，大盤測到10年線就快速收腳**
——台灣加權指數月線圖

註：資料時間為 2005.08.01 ～ 2023.09.01　　資料來源：XQ 全球贏家

的均線，例如 5 日均線 > 10 日均線 > 20 日均線 > 60 日均線 >
120 日均線 > 240 日均線（詳見圖 9-❶）。

　　相反的，當短期均線跌破中長期均線，且其斜率轉為負值時，例
如 5 日線 < 10 日均線 < 20 日均線 < 60 日均線 < 120 日均線
< 240 日均線，則稱之為「均線空頭排列」（詳見圖 9-❷）。

3.均線的扣抵值

當均線呈現多頭排列（正斜率）時，有助於股價的上漲；反之，當均線呈現空頭排列（負斜率）時，則會造成股價下跌的壓力，故我們可以藉由「扣抵值」的觀念，了解「均線」未來將呈現上漲或下跌的趨勢！

均線的「扣抵值」，就是在每天重新計算均線時，第 1 個要被扣掉的數字。舉例來說，假設 A 股票近 5 日的收盤價分別為 6 元、7 元、8 元、9 元與 10 元，那麼當天 5 日均線的位置就是 8 元（＝（6 元＋ 7 元＋ 8 元＋ 9 元＋ 10 元）÷5 天）。若隔天收盤價仍在 10 元，則 5 日均線的位置變成 8.8 元（＝（7 元＋ 8 元＋ 9 元＋ 10 元＋ 10 元）÷5 天），而前面被扣掉的「6 元」，就是扣抵值。

因此，當未來每一天新的股價急速上漲時，或是左邊「扣抵值的位置」（一般在看盤系統上會有個跟均線同顏色的小三角點做標記，詳見圖 10）開始遇到急速下降的時候，也就是出現所謂的「左邊低、右邊高」，都會形成均線的走揚。

簡單來說，就是如果右邊每天新增的數字一直大於左邊的扣抵數

圖9 短期均線在中長期均線之上,為多頭排列
——以台積電(2330)日線圖為例

註:資料時間為 2020.03.16 ~ 2023.01.17   資料來源:XQ 全球贏家

字,譬如右邊每天新增的股價開始出現連續性上漲,或是目前股價
雖然還在做橫盤整理,但是左邊的扣抵數字卻已經開始快速變小(例
如 20MA 開始要去扣抵到之前的急跌段),只要當前的股價能夠維
持穩定不動,就可以讓每天新增的數字大於左邊快速下降的扣抵數
字,這樣的話,20MA 就會慢慢開始走平,甚至有機會開始向上轉
折。

4.均線的趨勢

　　趨勢線是一種常用的簡單工具，它的畫法就是要盡可能把區間內的相對低點或高點連結起來，例如當股價在上升趨勢中，找出每個相對位置的低點，再將這些低點連結起來，就可以畫出一條上升趨勢線（或稱上升切線）。

　　反過來說，當股價在下降趨勢中，同樣可以找出每個相對位置的高點，再將這些高點連結起來，或是也可以畫出一條下降趨勢線（或稱為下降切線）。但如果碰到行情陷入橫盤整理的期間，趨勢線就不明顯。

　　除了畫出單一條趨勢線之外，也可以同時使用上下 2 條趨勢線，來建構出上升趨勢軌道或是下降趨勢軌道。趨勢軌道比趨勢線多一條平行線。

　　一般而言，在上升趨勢軌道中，當股價靠近軌道下緣位置，便可以伺機進場或加碼；在接近軌道上緣位置，則考慮減碼出場。如果是在下降趨勢軌道中，逢反彈接近軌道上緣的位置，那麼可以選擇先賣出或建立空頭部位；當股價來到接近軌道下緣位置，則可以考

圖10 看盤軟體上扣抵值會用小三角點做標記
──以台積電（2330）日線圖為例

註：資料時間為 2023.06.02 ～ 2023.09.19　　資料來源：XQ 全球贏家

慮先行回補空頭部位（詳見圖 11）。

量價關係》呈現某檔股票的價格與成交量

　　在股價行進的過程中，成交量與股價兩者之間有著千絲萬縷的關係。也可以說，成交量其實代表著某一檔股票或某一個金融商品的

「人氣表現」。

像熱門的人氣歌手舉辦演唱會，除了常常一票難求之外，也往往會吸引到黃牛搶購再加價轉售。同樣的，在金融市場，當一檔股票或一個金融商品能夠吸引到市場投資人關愛的眼神，自然而然就會推升交易的熱度（成交量也會隨之放大），而且熱絡的交易也會更進一步推升股價走高。

以下我們將量價關係分為 4 個象限來做個別分析：

象限1》價漲量增

價漲量增是指在股價上漲的過程中，成交量同步跟著放大，價漲量增一般都會被認為是多方發動攻擊的買進信號，特別是股價的位階剛好在相對低檔區，或是股價在經過一段時間的橫盤量縮整理之後，一旦出現「價漲量增」的情況，都可視為多方攻擊號角響起的訊號（詳見圖 12）。

象限2》價漲量縮

價漲量縮是指在股價上漲的過程中，成交量並未同步放大，可以

圖11 那斯達克指數跌破上升趨勢軌道後，股價轉弱
──那斯達克指數日線圖

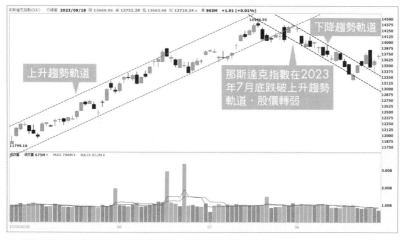

上升趨勢軌道

下降趨勢軌道

那斯達克指數在2023
年7月底跌破上升趨勢
軌道，股價轉弱

註：資料時間為 2023.04.23 ～ 2023.08.28　　資料來源：XQ 全球贏家

理解為跟進的買盤力道並不踴躍。

　　一般而言，當行情在高檔震盪時出現價漲量縮，代表追價買盤並不充足，市場仍在多空角力當中，可能會需要更多的利多或利空資訊來確認股價未來的走勢。不過一旦確定股價已進入「下降趨勢軌道」中，則價漲量縮代表反彈無力，很容易出現開高走低，或是反

彈結束之後股價再度破底的情況。

當然，凡事皆有例外，如果出現價漲量縮是因為有重大利多，股價一開盤隨即向上跳空漲停板，最終由於市場投資人惜售所造成的量縮，則此一價漲量縮並不是偏空訊號。

象限3》價跌量縮

價跌量縮是指在股價回檔的過程中，成交量並未同步跟著放大。

當股價走在上升趨勢軌道中，股價拉回整理並伴隨量能萎縮，通常被視為是一種整理型態，畢竟股價不可能天天都是收紅上漲，拉回時量縮可以看作是多方正在蓄積下一次再度發動攻擊的能量。只要回檔整理時上升趨勢軌道沒有被正式跌破，之後股價持續上漲並再創新高的機率仍然相當大。

象限4》價跌量增

價跌量增是指在股價下跌的過程中，成交量也同步跟著放大。一般而言，價跌量增依據股價所在位階的不同，還可以再分為下面 2 種：

圖12 價漲量增是多方訊號
——量價關係4大象限

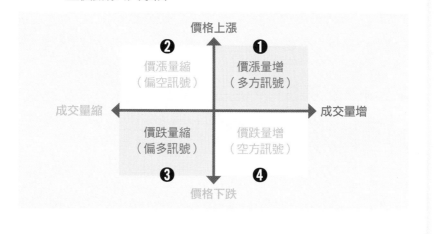

①股價在「高檔區」的價跌量增，這通常代表行情很可能要開始反轉向下，而在股價初跌段及主跌段中，價跌量增表示當下的賣壓依然沉重，行情未來續跌的可能性高。

②股價在相對「低檔區」的價跌量增，特別是之後Ｋ線有出現十字線、留長下影線或是實體的大紅Ｋ棒等技術面代表轉折的訊號，此時的價跌量增則是股價在做最後加速趕底的表現。

　　簡單來說，價漲量增時，股價後市繼續上漲的可能性大；價漲量縮時，股價後市上漲動能不足；價跌量增時，股價後市繼續下跌的可能性大；價跌量縮時，股價後市反彈的可能性大。投資人若能深入了解量價關係，就能更好地把握市場趨勢，從而提高投資收益。

延伸學習 黃金交叉vs.死亡交叉

當行情開始往上走的時候，較短期的移動平均線往上突破較長期的移動平均線，稱為「黃金交叉」，代表趨勢往上翻多，是一個買進訊號。

相反的，當較短期的移動平均線往下跌破較長期的移動平均線，則稱為「死亡交叉」，代表趨勢往下翻空，是一個賣出訊號。

均線的黃金交叉或死亡交叉可以作為判斷進出場訊號的指標之一，再搭配均線扣抵或葛蘭碧8大法則等技術面分析技巧，可以延伸出更多由技術面出發的選股或操作策略。

3-3 常用技術面指標》
KD、MACD、RSI、乖離率指標

技術面指標是技術面分析中重要的一環，提供了許多的數據和信號，讓交易者能藉此做出更明智的交易決策。下文中，我將介紹幾個市場常用的技術面指標：

KD指標》有利於預測中短期行情趨勢

KD 指標又稱為「隨機指標」，是由 K 值跟 D 值 2 條線所組成的技術指標，也是歐美證券期貨市場常用的一種技術面分析工具。

1950 年代，美國喬治‧萊恩（George C. Lane）在設計 KD 指標的過程中，綜合了動量指標、強弱指數和移動平均線的一些優點，在其計算過程中研究高低價位與收盤價的關係，並考慮了價格波動的隨機振幅和中短期波動的測算，使其短期測市功能比移動平均線更準確有效。

　　針對市場短期超買超賣這一方面，KD 指標會比相對強弱指標 RSI 指標更為敏感。也就是說，KD 指標是一個隨機波動的概念，反映了價格走勢的強弱以及波段的趨勢，對於中短期的行情走勢十分敏感。

　　一般來說，KD 指標的波動介於 0 ～ 100 之間，如果 KD 指標在 80 以上屬於過熱，股價將隨時有可能出現拉回；如果 KD 指標在 20 以下超賣，股價則隨時有可能出現回升。

　　此外，在多頭走勢中，KD 指標在高檔容易鈍化（一直落在 80 以上的過熱區），請耐心等待拉回到 50 以下的低接買點（詳見圖 1）。若投資人此時手中早有持股，則不用特別急著想賣出股票，而應持股續抱。反之，如果是在空頭走勢中，KD 指標在低檔容易鈍化（一直落在 20 以下的超賣區），遇此情況，請耐心等待拉升到 50 以上的放空賣點。建議不要想著去撈底或摸底，很容易發生低點之後還有更低點的情形。

MACD指標》用以判斷市場多空

　　MACD 指標的中文名稱是「平滑異同移動平均線指標」，由美國

圖1 多頭走勢中，KD指標在高檔容易出現鈍化
——以上詮（3363）日線圖為例

註：資料時間為 2023.01.03 ～ 2023.09.19　　資料來源：XQ 全球贏家

人傑拉德‧阿佩爾（Gerald Appel）於 1970 年代提出。是現今常被使用的技術面分析指標之一。

　　MACD 公式是先計算出快線（n 日 EMA，註 1）、慢線（m 日 EMA），並將得出來的 2 個數值相減，計算出兩者間的差離值（DIF）後，再計算 n 日 DIF 的 EMA。

通常我們在看盤軟體上使用 MACD 指標時，會看到 MACD 指標上有「快線、慢線、柱狀圖」這 3 個區塊：

1. 快線＝ 12 日 EMA–26 日 EMA。
2. 慢線＝ 9 日 EMA。
3. 柱狀體＝快線 – 慢線，EMA 快慢線相減後，差額即是 MACD 指標之柱狀圖。

從以上 MACD 指標的快線、慢線以及柱狀體，可分別組合出 4 個象限（詳見圖 2）。我們可以簡單地做出以下結論：

最佳的多頭趨勢往往會出現在「零軸以上的黃金交叉」，而「零軸以下的黃金交叉」通常是剛扭轉之前的下跌走勢，股價趨勢開始有轉強的跡象出現（詳見圖 3）。

相較之下，如果是出現「零軸以下的死亡交叉」，則代表股價將

註 1： EMA（Exponential Moving Average），中文名稱為「指數移動平均」。
EMA 也是計算一定天期的平均價格，差別在於較近的日期會給予較高的權重，較遠的日期會給予較低的權重。

圖2 最佳多頭趨勢多出現在「零軸以上的黃金交叉」
——MACD指標使用上的技巧

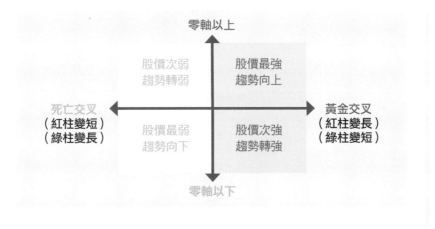

進入主跌段，未來一段時間內都將表現弱勢；至於出現「零軸以上的死亡交叉」，則有可能會在股價短線急漲之後的拉回修正時出現，不一定是轉為空頭走勢。

另外，在使用 MACD 指標時，除了常用的日 K 線之外，也可以透過切換不同的時間頻率，譬如週線或月線等，進行交叉比對再做確認。

RSI指標》可作為超買、超賣的參考

RSI 指標的中文名稱是「相對強弱指標」，由美國人威爾斯‧威爾德（Welles Wilder）於 1970 年代時所發明，是目前市場上普遍且常使用技術指標之一，其主要特點是「計算某一段時間內買賣雙方力道」，作為超買、超賣的參考。

舉例來説，假設近 5 個交易日內，其中有 3 天是上漲的、2 天是下跌的。而這 3 天上漲日的漲幅加總是 8%，另外 2 天下跌日的跌幅加總是 4%。那麼就上述資訊來計算，近 5 日的漲幅平均值為 1.6%（＝ 8%÷5 天），近 5 日的跌幅平均值則為 0.8%（＝ 4%÷5 天），可得出 RSI 值就是 66.7（＝ 1.6%÷（1.6% ＋ 0.8%）×100）。

RSI 指標與 KD 指標一樣，區間介於 0 ～ 100，通常使用上會以數值 50 作為多空的分界線：若 RSI 值 > 50，代表買方力道較強，這段期間內平均上漲幅度大於平均下跌幅度；若 RSI 值 < 50，代表賣方力道較強，這段時間內平均下跌幅度大於平均上漲幅度。

一般教科書的看法是，若 RSI 值在 80 以上為超買區，RSI 值在

圖3 **MACD指標出現零軸以上黃金交叉為多頭格局**
——以宏達電（2498）日線圖為例

零軸以上黃金交叉　零軸以上死亡交叉　零軸以下黃金交叉　零軸以下死亡交叉

註：資料時間為 2022.11.02～2023.09.19　　資料來源：XQ 全球贏家

90 以上或 M 頭為賣點；若 RSI 值在 20 以下為超賣區，RSI 值在 10 以下或 W 底為買點。要注意的是，RSI 指標可能會出現高檔背離（股價上漲，RSI 值下跌）或低檔背離（股價下跌，RSI 值上漲）的情況。

在股價創近期新高的時候，如果 RSI 值也同時創高，表示股價動

能仍強，即便指標已經來到 80 或 90 以上的超買過熱區，持股仍可續抱，不用急著賣出。但若 RSI 指標未隨股價一起創新高（出現背離），那麼股價之後就有轉弱的可能，為賣出訊號（詳見圖 4）。

相反的，如果股價跌破近期新低，但是 RSI 指標卻未再跌破前低，那麼就代表未來股價有出現向上轉折的機會，可以列入口袋名單觀察、追蹤。

乖離率指標》藉此掌握買賣時機點

乖離率（BIAS）指標也是技術面分析指標中的一種，主要是運用統計中常態分配的觀念來測量「當前股價」與「移動平均線」間偏離程度的一項技術指標，其主要假設：當股價偏離平均線太遠的時候（無論是正乖離或是負乖離），最終仍要回歸平均線的均衡狀態。

一般教科書上，通常會用以下的乖離率作為買賣時機點的參考：

1.5 日的乖離率達到 -3.0% 以下是買進時機，＋ 3.5% 以上是賣出時機。

圖4 出現高檔背離後，股價通常會開始轉弱
—— 以南電（8046）週線圖為例

註：資料時間為 2020.06.08～2023.06.12　　　資料來源：XQ 全球贏家

2.10 日的乖離率達到 -4.5% 以下是買進時機，＋ 5.0% 以上是賣出時機。

3.20 日的乖離率達到 -7.0% 以下是買進時機，＋ 8.0% 以上是賣出時機。

4.60 日的乖離率達到 -11.0% 以下是買進時機，＋ 11.0% 以上是賣出時機。

　　由於每個交易的商品或每檔個股的波動差異性大，所以適用的乖離率都會不同，並沒有統一標準，故上述列出的乖離率差異與買賣點僅作為參考。就像每一個人都有自己的個性，每一個商品或每一檔股票也會有自己的「股性」，投資人可依照其特性做進一步的研究與分析。

　　看到這裡，相信很多投資人一定會很好奇想要問：如果只是僅供參考，那我學乖離率這個指標到底有什麼意義或功效？其實在統計學上為了避免發生誤差，選擇的標的最好能盡量避免人為因素的干擾，譬如說大盤指數。畢竟有些小股票可能會有特定的主力在背後控制其價格漲跌，但無論任何一個主力，都很難去控制整體大盤的漲跌與走勢。

　　統計近幾年加權指數（即大盤）與季線（60MA）乖離率的比較，從圖 5 中可以看出，除了新冠肺炎（COVID-19）疫情爆發的 2020 年年初，大盤與季線的乖離率曾一度大跌至 -24% 左右，其他大部分時間的回檔修正都在 -6% ～ -10% 左右。

　　若把時間拉長從 2003 年 1 月 2 日開始計算，20 多年來，一共

圖5 **大盤與季線的乖離率曾大跌至-24%左右**

——大盤與季線（60MA）的乖離率vs.台灣加權指數

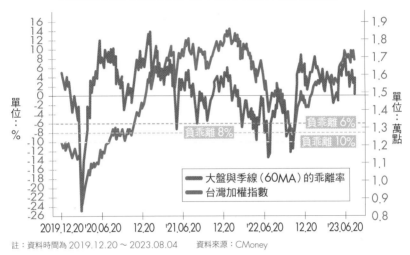

註：資料時間為 2019.12.20 ～ 2023.08.04　　資料來源：CMoney

5,069 個交易日，各種負乖離發生時的情況與機率如表 1 所示，可以發現，大盤重挫與季線的負乖離超過 10%，實際發生的次數僅有179 次，機率約為 3.53%，也就是說，當市場一片悲觀或恐慌到極點的時候，其實之後再持續下跌的機率已經小於 5%。如果你是屬於長線的價值型投資人，此時反而是逆向思考，並準備隨時進場大撿便宜的時機。

以上，就是幾個技術面分析中常見的技術指標。下面我幫大家總結一下我對於技術面分析的看法：

技術面分析是目前市場針對股票或任何金融商品最廣泛也最常用的分析方法，因為不用看一堆密密麻麻的財務數字，是一般新手投資人最容易，也最快上手的一種方式。

只要有成交價或成交量，就可以建構出很多不同的技術面分析指標，並用以預測股價未來的走勢，甚至進一步提供買賣交易的訊號。也因此特性，使得技術面分析成為一個比較容易做量化分析的指標，所以有很多程式交易的基礎，都是使用技術面分析的方式來架構的。

運用在實際操作上，技術面分析可以提供重要的訊號，讓我們在第一時間就能發現某檔個股或金融商品出現異常的變化，進而提前抓到即將到來的行情，因為技術面分析就是運用大數據去歸納不斷重複發生的價格模式。這些價格模式之所以產生，主要是因為市場參與者在擬定決策時，都具備類似的心理結構，所以技術面分析的出發點就是提供一種方法，讓投資人衡量這種反應對股價未來走勢的影響。

表1 **20多年來，季線負乖離超過10%的機率為3.53%**
——大盤與季線（60MA）負乖離率統計

	負乖離發生次數（次）	負乖離發生機率（%）
乖離小於-6%	482	9.51
乖離小於-8%	286	5.64
乖離小於-10%	179	3.53

註：資料時間為 2003.01.02 ～ 2023.07.21，共 5,069 個交易日　　資料來源：CMoney

　　可是技術面分析的缺點也是顯而易見的，由於常出現假訊號（假突破或假跌破），因此會讓剛接觸技術面分析的投資人無法在訊號發生的當下就立即做出正確的投資判斷。投資人會猶豫這次到底是來真的？還是假的？而導致每次都只能淺嘗即止，不敢重壓某一檔個股，這也是只看技術面指標做交易的投資人，滿常會遇到的一個問題。

　　且以我個人的經驗來說，如果完全以技術面分析作為選股與進出的依據，通常會讓操作的節奏愈來愈短，一旦遇到股價出現任何風吹草動，都會很快的進行買進或賣出的動作，這樣一來就常常發生雖然買在最低點，但也容易賣在起漲點的狀況，整體獲利只有賺到

一點點甜頭，後面大波段的魚身和魚尾，很輕易就錯過了，這是相當可惜的地方。

因此，我認為技術面分析可作為投資人第一道篩選股票的門檻（畢竟現在上市櫃股票加總起來約有 1,700 多檔，不預作篩選真的看不完），但真的要實際執行交易時，最好可以加上其他方法，如籌碼面或基本面的資訊來做確認，以降低出現假突破或假跌破的情況。

第4章

籌碼面分析篇

參考3大法人買賣超
預估股價未來走勢

在研究股票過程中，籌碼面是重要的工具之一，市場有一句老話：「新手看價、老手看量、高手看籌碼。」在每次買賣與交易過程中，透過研究其中籌碼（或資金）的動向，可以讓投資人多一項提高投資勝率的工具。

這邊先來跟大家探討一下籌碼面的觀念，我們可以借用經濟學中的「供需法則」來做解釋：股價上漲，代表買進的籌碼需求大於賣出的籌碼供給；股價下跌，則代表賣出的籌碼供給大於買進的籌碼需求。

其實研究籌碼面就像電影《征服情海》裡那句經典台詞，「Show me the money（給我看錢）」，了解 money 的流向與買進、賣出者的身分，可以讓投資人在做決策時避開不必要的風險，也同時增加投資的勝率。

接下來，我們將針對籌碼面的幾個重點來幫大家做分析與拆解，並舉例說明。首先來看 3 大法人買賣超對股價的影響。

何謂 3 大法人？ 3 大法人就是「外資、投信、自營商」的合稱，下面將分別為大家介紹：

外資》外國機構投資者在台灣證交所進行買賣

外資是指外國的投資機構或投資人。一般所稱的「外資」，多指下列 3 種：

1.退休基金（Pension Fund）

持股皆以中長期的規畫為主，在買進理由不變下，通常不會輕易改變持股的規畫，或是在短期內買進又賣出股票，例如挪威政府養老基金，或新加坡主權基金淡馬錫。

2.對沖基金（Hedge Fund）

以套利交易為主，主要是透過「槓桿」的方式，同時在期貨與現貨市場布局多方或空方的部位，以追求「短期的絕對報酬」。

3.假外資

　　近幾年由於短線交易（當沖或隔日沖）的興起，市場有出現一派以外資身分出現，但實則是超短線操作為主的資金，被市場通稱為「假外資」。

　　以退休基金和對沖基金來說，因為其資金規模較為龐大，基本上都會對股票的「股本」或「市場流通數量」做考量，所以主要鎖定的是可以列入元大台灣 50（0050）或元大中型 100（0051）的中大型指數成分股為主。

　　而假外資則是以短線價差交易為主，對於股本的大小並不會特別重視，主要鎖定的是當天盤中急拉急漲的強勢股。假外資會以手中大部位的資金優勢伺機介入，同步大量跟著一起搶進，甚至是追價鎖單漲停板的價位，趁隔天股價開高之後就隨即反手賣出。

投信》由基金經理人代操向投資人募集的資金

　　投信公司主要是向投資人募集並發行基金，之後由基金經理人代為管理，將募集到的這筆資金，投入到符合基金當初成立所規範的

各種標的，而每位投資人則可依據其參與的份額（單位數），共享整個基金的投資成果。這讓基金投資人有機會用便利且省時省力的方式，參與到股市長期的上漲並獲利。

一般來說，以國內發行的基金而言，可以簡單分為「被動型」基金與「主動型」基金2種：

1.被動型基金

被動型基金主要像是0050或0051這種（註1），單純以公司市值大小排名，在每一次季度調整時，按照當下各家公司市值的變動加以新增或剔除，並不參雜基金經理人個人的主觀判斷。

2.主動型基金

主動型基金是由經理人在拜訪和研究過產業與公司後，擇機與擇時挑選好的公司並主動買進，期望可以創造大於指數平均報酬率的績效。而且根據筆者觀察，同一家投信公司旗下所發行的不同檔基

註1：0050和0051雖是ETF，但ETF的全稱為「指數股票型基金」，也是基金的一種，只是交易方式和一般的基金略有不同。

金，有可能會同時看好某一家公司的未來發展而同時買進，以期能在基金評比時創造出更好的績效。

主動型基金有 2 個特點：

①投信作帳行情：投信通常會在每季季底檢討操作績效並進行排名（譬如投信投顧公會或晨星），所以在每季的 3 月、6 月、9 月與 12 月，市場容易有「投信作帳」的概念股出線。

②主動型基金鎖定的標的通常有幾點特徵：
❶股本不會太大，通常是 50 億元以下的公司。
❷股本小代表籌碼少，這樣才容易創造績效。
❸必須配合營收與獲利成長等利多題材的加持。

根據相關法規規定，投信基金有最低持股限制（總持股不得低於 70%），且每季均有專業單位進行績效評比與排名，讓投信基金經理人不論行情多空，都必須持有一定比率的股票並肩負相應的績效壓力。因此基金經理人會透過勤於拜訪公司與研究，以尋找未來的潛力產業與公司，市場上有許多黑馬股，都是由投信所挖掘出來的。

投信一般來說是屬於中長線的投資者，除非公司基本面發生重大變故，否則投信不會在短期之內忽買忽賣同一檔個股。由於投信的持股時間通常會比個人投資者更長，因此其投資決策通常更能反映公司長期發展的價值。

另外，根據相關法規的規定，投信每個月需要定期公布前 10 大持股清單、每季要公布完整持股標的。在前文中我們有提到，投信的進出會以基本面為依歸，進行比較中長線的規畫，因此，投資人可以藉由研究投信籌碼的進出，跟著賺一波產業趨勢的行情。表 1 是 2023 年上半年的國內股票型基金績效前 10 名，可以明顯看出幾乎由日盛與野村 2 家投信公司所包辦。

投信公司除了聘請學有專精的經理人來操盤，也因為投信公司擁有較多資源，在拜訪公司時較容易約見到公司的核心高層，自然可以取得一般投資人不易取得的最新且有用的投資資訊，故投信基金經理人的投資決策，在大多數時候會比個人投資者更具有參考價值。

在國外也有類似的法人持股資料揭露，譬如「13F 報告（13F Filings）」。根據美國證券交易委員會（SEC）的規定，資產管理

規模超過 1 億美元的法人機構（例如對沖基金等專業投資機構或是一般法人機構），需要在每一個季度結束後的 45 天之內，向主管機構提交近期投資部位的內容資訊。

譬如觀察 13F 報告可以發現，2022 年 11 月，由股神巴菲特（Warren Buffett）所掌管的波克夏海瑟威（Berkshire Hathaway）買進台積電美國存託憑證（ADR），激勵台股大漲；2023 年 2 月，由於考量到地緣政治風險等因素，波克夏開始陸續對台積電 ADR 進行賣出；到了 2023 年 5 月 15 日公布的最新一個季度的 13F 報告，則證實已出清剩下的台積電 ADR 所有持股，當下還使得不少台股投資人對賣出原因進行熱烈的討論。

相較於國外機構每一季才公布一次持股內容等資訊，台股投資人可以獲得的資訊更為即時。根據主管機關的規定，投信所發行的基金每個月必須公布上個月的前 10 大持股，並在每一季度（3 月、6 月、9 月、12 月）結束後，公布上一個季度該基金的所有持股明細。

舉例來說，前面我們看到 2023 年上半年國內股票型基金中，以日盛與野村 2 家投信表現最佳，代表基金經理人近期選股功力與績

表1 2023年上半年前10名基金均出自日盛和野村投信

——2023年上半年國內股票型基金績效排名

基金名稱	近1月績效（％）	近3月績效（％）	近6月績效（％）	近1年績效（％）
日盛新台商基金	10.59	31.90	66.96	52.11
日盛MIT主流基金	9.38	28.72	59.75	47.03
野村高科技基金	9.49	24.65	58.49	56.45
日盛台灣永續成長股息基金	9.65	30.70	58.42	46.03
日盛上選基金（N類型）	9.50	29.24	58.18	46.22
日盛上選基金（A類型）	9.48	29.22	58.15	46.23
野村e科技基金	9.66	24.55	58.11	55.64
野村台灣運籌基金	10.81	21.69	48.09	51.06
野村中小基金-S類型	10.36	21.37	47.99	49.28
野村積極成長基金	11.67	24.39	47.83	49.94

註：1. 表格以近6月績效由高至低排列；2. 資料時間至2023.06.30　資料來源：MoneyDJ

效特別突出，那麼我們就可以密切追蹤其主要重點持股為哪些公司，或是對於哪些重點持股進行了最新的買進或賣出操作（詳見表2）。

自營商》證券公司以自有資金操作

自營商主要是以證券公司的自有資金部位（簡單來說就是老闆的

money）進行操作，追求絕對報酬與績效，是中小型券商的主要獲利來源。

操作策略上，自營商習慣以「短進短出」來賺取股票價差為主，導致操作的周轉率很高，也因此，自營商的短進短出通常比較不具參考價值。另外，自營商也會進行避險交易，主要是以有發行認購或認售權證的券商，透過市場操作來進行反向避險。

善用財經網站與看盤軟體，讓投資事半功倍

上面簡單解釋了 3 大法人的分類與其操作上的邏輯，不同的股票也對應到不同的法人機構。舉例來說，像台積電（2330）這種隸屬於 0050 的大型成分股（不論電子、非電子或金融），因為股本大且市值規模也大，通常需要外資機構法人連續且大量的買超，才會有一波比較大的漲幅，所以 0050 的成分股，以追蹤外資的進出為主要的依據。

至於 0051 的成分股或是規模更小的公司，根據長期追蹤與研究，則以投信的買賣力道較具有影響力。特別是在投信拼績效的季底作

表2 日盛新台商基金和野村高科技基金都持有世芯-KY
——日盛新台商基金vs.野村高科技基金持股明細

日盛新台商基金				野村高科技基金			
股號	名稱	投資（千股）	比率（%）	股號	名稱	投資（千股）	比率（%）
3017	奇鋐	135	8.27	3231	緯創	2,149	8.65
2330	台積電	60	7.81	2382	廣達	1,281	8.63
3661	世芯-KY	16	6.49	3661	世芯-KY	95	7.56
3617	碩天	118	5.96	2376	技嘉	675	7.29
6781	AES-KY	30	5.51	3529	力旺	73	7.15
2382	廣達	160	5.50	2383	台光電	480	5.18
4763	材料-KY	40	4.99	5274	信驊	39	4.90
5009	榮剛	350	4.56	3131	弘塑	157	3.78
3443	創意	12	4.35	4966	譜瑞-KY	77	3.67
3715	定穎投控	700	4.28	3515	華擎	350	3.45

註：1.因版面有限，此處只列出前10大持股；2.資料時間至2023.06.30　　資料來源：MoneyDJ

帳行情，有些已被投信基金鎖碼的公司，常常會走出一段快速噴出的行情來衝刺績效。

而拜資訊發達所賜，很多台股早期求而不可得的資訊，近幾年都已經陸續揭露在交易所（含證券交易所和櫃買中心）的網站中，包括每天的3大法人買賣超、主力券商的進出，甚至是大戶持股的

變化等。但由於資料龐大且未經過整理，一般投資人即便下載了交易所的檔案，可能也是霧裡看花、似懂非懂，這時便可以多加利用免費的財經入口網站整理好的資訊，譬如 Yahoo! 股市、鉅亨網、Goodinfo! 台灣股市資訊網與富果等，快速做好籌碼面的基本功課。

舉例來說，若回想自 2023 年以來，由生成式人工智慧（AI）或 ChatGPT 所帶動的電子股多頭行情中，幾檔過去大家心目中的大牛股或大象股，譬如緯創（3231）、廣達（2382）以及技嘉（2376）等，從籌碼的流向來看，不難發現都是法人（外資或投信）持續不斷買進的標的（詳見圖1）。如果能觀察到此現象，那麼即使是對產業熟悉度沒有那麼高的一般投資人，應該也可以搭上這波 AI 的多頭浪潮。

工具1》籌碼K線

如果想要對籌碼面有更進一步的了解，或是想要更有效地做好籌碼面的功課，目前市面上已經有多家資訊廠商提供更快速、方便的看盤軟體，都是投資人可以好好運用的工具。舉例來說，我個人最常使用的籌碼面工具之一，就是由 CMoney 所開發的軟體——「籌碼K線」。

圖1 外資、投信持續買進的力道會推升股價
——以廣達（2382）日線圖為例

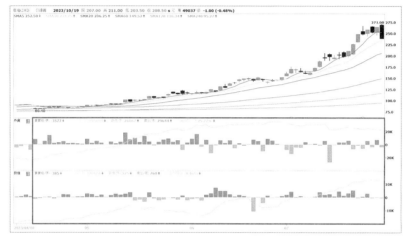

註：資料時間為 2023.04.10 ～ 2023.07.31　　資料來源：XQ 全球贏家

　　軟體裡面除了大家比較常用的觀察每個主要的分點進出之外，其實在「籌碼 K 線」軟體畫面左上方的「籌碼選股」功能鍵中，還可以自訂想要的選股策略。假設我們先設定以下 2 個條件（其他條件可以再自行增加與調整，讓鎖定的股票更集中）：

1. 投信當日買超占股本比重大於 0.05%。

2. 股價在外資成本線之上（收盤價大於 10 元）。

其中第 1 個條件的「投信當日買超占股本比重」就是俗稱的「投本比」，是指當日或一段期間內（例如 3 日或 5 日），投信買超該股票的張數占該公司股本的比率，通常是愈高愈好，其計算方式為「投信買賣張數 ÷ 該公司股票發行總張數」。

在 2023 年 9 月 28 日當天，以投本比由高至低的方式篩選出了精測（6510）、天鈺（4961）、華星光（4979）、奇鋐（3017）與信驊（5274）等多檔個股，我們就可以把時間更集中在這幾檔個股上做更進一步的研究。

在 3 大法人中，外資的進出主要是依據全球景氣的變動與匯率的變化，鎖定台灣龍頭股公司（像是台積電或 0050 成分股）做投資。而投信主要是向投資大眾募資發行基金，並委由專業基金經理人進行投資與操作。

各家投信為了強化操作績效，都有各自的研究團隊與研究員，專精於研究國內中小型公司產業的基本面及前景，會定期拜訪公司或

參與法說會，以便取得第一手的資訊。尤其是股本較輕的中小型股票（通常用股本 50 億元作為標準），由於在市場上流通的籌碼相對較少，當有投信法人開始進場且連續性的買超，之後股價就容易有波段上漲，且通常投信的買盤會偏向波段操作。

也因此，運用「投本比」這個追蹤法人籌碼的方式，便可在投信開始布局的初期就跟著卡位，除了節省選股的時間之外，未來在更多投信或其他大戶或實戶相繼布局後，也有機會搭上主流股的波段強勢上漲。

此外，像「籌碼 K 線」這類籌碼選股軟體，都會開發出一些追蹤籌碼趨勢變化的指標，以今年一檔大牛股變飆股的最佳範例緯創來說，在 2022 年年底到 2023 年年初，外資和投信就不斷加碼買進，最下方的「籌碼多空趨勢」也是一路向上成長（詳見圖 2），代表籌碼面的趨勢也同步往好的方向持續發展。藉由這個指標，可以一定程度上節省我們做功課的時間，也能讓我們對股價未來走勢的判斷更有信心。

另一方面，由於近幾年有現股當沖的交易稅可以減半的優惠，所

以也吸引非常多短線交易大戶競相投入此一短線沖銷的策略，甚至還有用假外資身分在進出的，這時候就要特別注意隔天開盤的獲利了結賣壓。

舉例來說，2023 年 7 月 31 日當天，網通股的智易（3596）股價放量大漲，終場更是攻上漲停板 145 元作收。若依照技術面分析的標準來說，這是一個標準的「價漲量增」多頭表態訊號，隔天開盤股價續強的機率相對高，應該要立即跟進建立相對應的多頭部位。但是由於現在做短線交易的大戶很多，建議先看一下當天的漲停板到底是誰買上去的？

從圖 3 中我們可以發現，在當天買超的前幾大券商分點，其中有幾個都是著名的隔日沖大戶，而且均價幾乎都落在 144 元～ 145 元接近漲停板的價位，因此投資人可以合理懷疑，其中有不少都是隔日沖大戶的傑作。果不其然，隔天智易的股價一開盤居然連平盤價（就是前一日的收盤漲停價）都沒有守住，一開盤就隨即下跌 5.5 元（約 3.8%），前一天大買的主力大戶一看苗頭不對，紛紛快速砍出前一天剛剛買進的股票，最後更是一口氣把股價攆殺到跌停板的 130.5 元。

圖2 籌碼多空趨勢一路向上，股價通常也隨之走高

——緯創（3231）日線圖與籌碼多空趨勢

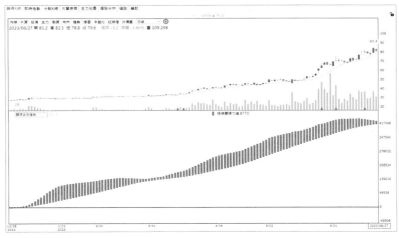

註：資料時間為 2022.12.08 ～ 2023.06.26　　資料來源：籌碼K線

　　所以即便是產業趨勢向上，營運穩健成長的公司，股價也可能因為短線籌碼的變化而出現劇烈的變動，建議投資人在看到任何技術面出現放量大漲的強烈多方攻擊訊號時（特別是那種有鎖住漲停板價位的），都可以先用「籌碼K線」檢查一下是否有所謂的「隔日沖大戶」在裡面運作，即便要進場布局，也可以待其出場之後再來逢低建立持股，否則易出現追高殺低，遭遇到兩面挨耳光的情況。

圖3 智易前幾大券商分點，都是著名的隔日沖大戶

——智易（3596）主力動向

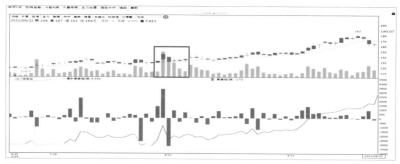

3596 智易	145元 ▲13 (+9.85%)	
統計區間 20230731 ~ 20230731		7/31 今日
區間成交量	18,783 張	主力動向
買超前15名合計	6,991 張	
賣超前15名合計	-3,662 張	大買
1日籌碼集中　　　　?	3,329 張	
1日籌碼集中(%)　　?	17.72 %	3,329 張
20日籌碼集中(%)	4.53 %	
佔股本比重　　　?	1.51 %	隔日沖主力 買超占比16.82%

累計營收 YoY(%)	營收 YoY(%)	營收 MoM(%)	EPS (季)	EPS (近4季)	本益比	股價 淨值比	殖利率 (%)	ROE (近4季)
8.62	5.71	-1.35	3.12	10.82	15.3	2.7	3.96	16.7

買方15			? 關鍵券商: 區間買超15					
□ 券商名稱	關鍵券商	買賣超	買張	賣張	買均價	交易	損益(萬)	
□ 凱基-復興	國,喻	2145	2155	10	144.96	2165	9	
□ 富邦 隔日沖主力	國,贏	2136	2411	275	140.93	2686	979	
□ 元大 隔日沖主力	出,喻	709	1151	442	144.01	1593	21	

——智易（3596）日線圖與主力買賣超

註：1.智易主力動向的資料時間為2023.07.31；2.智易日線圖的資料時間為2023.06.20～2023.09.22
資料來源：籌碼K線

工具2》XQ全球贏家

由於證交所每週都會公布集保庫存的變化情況，故也是投資人研究籌碼一個非常重要的課題。

因此，接下來我們再運用另外一個也是我經常使用的看盤軟體——「XQ全球贏家」來説明，同樣也是用緯創作為案例：

緯創的股價在2022年年底、2023年年初時，大概都還在30元上下，但在之後一段時間內，大戶持股（包括100張、400張、1,000張大戶持股）卻不斷地累積，反而是10張以下的小散戶不斷地降低，在籌碼集中度快速上升的情況下，讓緯創成為2023年的AI大飆股之一（詳見圖4）。

相反的，目前全市場股東人數第2多的中鋼（2002，股東人數最多的第1名是台積電），也是很多定存族長期持有的標的，但其股價在2023年的表現卻可以説是乏善可陳。

為何如此呢？先撇開基本面的因素不談，我們光是觀察大戶與散戶籌碼的動向，就可以看出端倪。不管是100張、400張、1,000

圖4 大戶持股增減會影響股價漲跌
——以緯創（3231）、中鋼（2002）為例

註：1. 緯創的資料時間為 2023.01.06 ～ 2023.06.14；2. 中鋼的資料時間為 2023.06.01 ～ 2023.10.13
資料來源：XQ 全球贏家

張大戶持股，都是一直不斷地在做調節賣出持股，而 10 張以下的小散戶（包含買零股）的散戶卻一路增加，所以中鋼除完息之後股價一路盤跌破底，也就不會讓人太意外了。

4-2 慎用融資、融券
以防斷頭與軋空風險

　　籌碼面分析除了觀察 3 大法人買賣超的動向以外，融資、融資維持率，以及融券的變動等，也是投資人需要關注的重點。

融資》想放大報酬率，向證券商借錢買股票

　　融資是指投資人在短期內想要擴大資金槓桿，並賺取更大的報酬率，跟往來交易的證券商借入資金買股票。1 檔在正常交易狀態下的股票，以現行規定來說，上市股票可融資 60%，上櫃股票則可融資 50%（註 1）。

　　融資 60% 是指假設 1 張股票 100 元，原本買 1 張需要全額 10

註 1：股票可融資的成數並非固定不變，一旦股價短線波動過大或被列入警示股，券商可隨時調整該股票的融資成數。

萬元交割，但若採用融資的方式，則投資人只需要自備 4 萬元，另外 6 萬元向證券商借入，並在借入期間內支付相對應的利息，此時槓桿倍數為 2.5 倍。而融資 50% 則是指投資人自備 5 萬元，另外再向證券商借入 5 萬元，此時槓桿倍數為 2 倍。

1.融資維持率

融資維持率，顧名思義就是維持融資的一個比率，公式為「融資維持率＝股票現值 ÷ 融資金額 ×100%」。

以上市股票為例，一般正常情況下，用融資方式買進上市股票，因為僅需準備 40% 自備款，可向證券商借入 60% 融資資金，因此，融資初始維持率等於 166%（＝ 10 萬元 ÷6 萬元 ×100%）。如果之後股價比買進價下跌 22%（假設買進價為 100 元，之後股價跌至 78 元），則維持率降為 130%（＝ 7 萬 8,000 元 ÷6 萬元 ×100%）。

再以上櫃股票為例，每次用融資買進時可向券商借進 50% 股票資金，融資初始維持率就等於 200%（＝ 10 萬元 ÷5 萬元 ×100%）。如果之後股價比買進價下跌 35%（假設買進價為 100

元，之後股價跌至 65 元），則維持率會降至 130%（＝6 萬 5,000
元 ÷5 萬元 ×100%）。

由於融資買進是向證券商借入資金買股票，如果股價不如預期一
直下跌，可能會賠到證券商的本金，此時券商就會以「融資維持率」
作為指標，當維持率太低時，就會打電話通知你要補錢，俗稱「追
繳」。在台灣，融資維持率的門檻為 130%。當融資維持率低於
130% 時，投資人會收到證券商的追繳通知。

2.追繳與斷頭

一般在計算維持率的時候都會以「整戶擔保維持率」為標準，所
以即便是帳戶內某一檔個股的融資維持率跌破 130%，也並不一定
會收到追繳通知，但當整戶擔保維持率低於 130% 的時候，券商
就會發出追繳令，通知投資人在 2 天內補繳差額，把維持率補足到
166% 以上才會撤銷追繳令。

就常理來說，在接到追繳通知後的 2 天，會有以下 3 種情況發生：

1. 直接將融資維持率回補到 166% 以上，解除融資追繳狀態。

2.先將融資維持率回補到 130% ～ 166%，可暫時解除危機。但往後融資維持率再度低於 130%，必須當日下午補錢，否則隔日證券商可直接強制賣出股票，就是俗稱的「股票斷頭」。

3.投資人無力再補錢，證券商隔日開盤就會強制賣出股票（也是股票斷頭的一種）。

由於現在股票每天漲跌幅為 10%，一旦遇到行情波動加劇時，很容易就觸動融資追繳的警鈴，所以建議新手投資人要審慎使用此一工具。

融資是一個放大槓桿的工具，在股價上漲的時候可以更快且更大的創造獲利；但在遇到空頭行情時，也會讓你的虧損快速擴大，所以在使用上務必謹慎，並且需注意 4 個要點：

1.融資是兩面刃，有助漲助跌的效果。
2.短線融資衝高，法人同買則會助漲。
3.短線融資衝高，法人轉賣則會助跌。
4.融資具有槓桿，停利停損要更謹慎。

融券》看跌未來股價，向證券商借券賣出

談完融資，接著來看融券。所謂「融券」是指投資人看跌未來股價，選擇先向券商借券來賣出，之後等股價下跌再買回還給券商，藉此賺取中間的價差。這種交易策略，就是俗稱的「做空」（或稱為「賣空」或「放空」）。

簡而言之，但凡要在任何金融商品上賺錢，就是要遵循「低買高賣」這 4 字箴言，至於順序誰在前？誰在後？都不是最重要的。而做空就是「先高賣＋後低買」，跟我們一般熟悉的「先低買＋後高賣」，僅僅是操作順序不一樣而已。

雖然大多數的投資人都習慣做多（據 Yahoo! 股市統計，一般大約有 90% 左右的股票投資人習慣做多，做空的大概僅占 10% 左右），但做空這個工具我們還是可以了解它的運作方式。

而講到做空就不能不提一下「軋空」。所謂軋空就是當投資人預期某公司股價或某商品價格未來將會下跌，便先行賣出，但因為諸多因素導致市場價格並未如預期下跌，反而持續上漲，最後將迫使

圖1 當券資比逾20％時，易有軋空的機會
——以技嘉（2376）日線圖為例

註：資料時間為 2023.04.07 ～ 2023.09.01　　資料來源：XQ 全球贏家

做空的投資人必須用更高的價格買回原本做空的部位。這一連串回補空單的過程與價差損失，就稱之為「軋空」。

　　那是否有辦法判斷，股價是否會出現「軋空」的情況呢？答案是有的，一般認為，當券資比來到20％以上時，容易有軋空的機會（詳見圖1）。但要注意的是，投資人必須排除公司近期有做現金增資

或發行可轉換公司債（以下簡稱「可轉債」）的套利型空單，因為這類型的空單主要是作為未來新股發行或可轉債轉換成股票時，用來多空對鎖固定的利潤使用，比較不具有軋空的條件。

　　總結來說，融資、融券本身是一種投資工具，並沒有好壞之分，主要還是看使用者能不能有效且熟練的操作此一工具。它就像是一把刀，可以是廚師的好幫手，用來做出一道道美味的佳餚，但如果使用不當，也可能成為傷人的利器，所以操作上一定要特別謹慎與小心，對於停損或停利一定要預先做好規畫。

第5章

基本面分析篇

運用產業分析
精準布局景氣循環股

（5-1）

在股票投資中，基本面分析是指通過分析公司財務狀況、經營業績、管理水平、未來發展前景等因素，來評估公司的內在價值。

由於一般投資人對基本面研究較生疏，也較不易學習與上手，加上坊間大多數股市投資書籍，講技術面的大概占 70% ～ 80%、講籌碼面的大概占 10% ～ 20%，特別針對基本面分析作教學的大概頂多 10% 左右而已，所以在這方面可以參考的資料也會相對較少。

雖然基本面分析一開始上手會有點難度，但只要搞懂一些簡單的觀念，再搭配前面學過的技術面與籌碼面分析方法，你會發現，原來股市投資要維持中長期穩定獲利，也是有方法與訣竅的。

打個比方，就像你喜歡一隻蝴蝶（獲利），每次都拚了命去撲、去抓（一直想要抓短線強勢股做當沖或隔日沖），成功機率可能不

高。但只要你願意花點時間種下滿園鮮花（把產業基本面與財報先搞懂），蝴蝶自然而然就會被你吸引過來了。

一般來說，基本面分析大概可以分為 2 種：

1.從產業出發

把整個產業的上、中、下游供應鏈做一個完整的了解，並觀察這個產業的景氣循環由高至低大概需要花多久時間，同時找出影響產業表現好壞的關鍵因素。這通常需要長期且密集的追蹤某一個產業的變化，譬如透過拜訪公司的發言人及高級主管，或是參加法說會了解公司營運的最新變化，長期下來就能累積出對於這個產業的專業知識與看法。

2.從財報出發

由於台股有一個相當特別的地方，就是每個月 10 日前會固定公布上 1 個月的營收表現，這是進行財報分析一個相當重要的追蹤指標，很多國家的股市大概都只有公布每 1 季的財務數字而已。而除了追蹤月營收之外，還有追蹤季報、半年報、年報的變化，也是進行財報分析時相當重要的功課。

下面我們會介紹如何運用產業分析來研究基本面，並會舉幾個具有代表性的產業（石化產業、鋼鐵產業、電子產業中的記憶體產業）與公司來做說明。

範例1》石化產業

石化產業在原物料族群中是一個相當重要的產業分類，在我們日常生活食、衣、住、行、育、樂等所使用的器具用品，例如牙刷、毛巾、食品包裝容器、各種功能與用途的服飾、種類多樣的建材與裝潢用品、便利的交通工具、變化多端的遊樂器具、醫療器材、3C及各式高科技產品等，皆離不開石化產品。

從一般民生消費到高科技產業，甚至生技產業所使用的材料，許多都來自石化產業。依據台塑（1301）集團在 2021 年的資料，台灣石化相關工業產值毛額占全國製造業的 23%。

表 1 是我們常在各大媒體上聽到的「5 大泛用樹脂」的中英文對照，以及針對台灣相關生產廠商的簡單整理。5 大泛用樹脂分別為PVC（聚氯乙烯）、PE（聚乙烯）、PP（聚丙烯）、ABS（丙烯腈-

表1 EG與EVA是比較常見的塑化材料
——5大泛用樹脂與2大常見塑化材料

分類	名稱		台灣主要生產廠商
5大泛用樹脂	PVC（聚氯乙烯）		台 塑（1301）、華 夏（1305）、聯 成（1313）
	PE（聚乙烯）	HDPE（高密度聚乙烯）	台 塑、台 聚（1304）
		LDPE（低密度聚乙烯）	台 塑、台 聚、亞 聚（1308）
	PP（聚丙烯）		台 塑、台 化（1326）
	ABS（丙烯腈-丁二烯-苯乙烯共聚物）		台 化、國 喬（1312）、台達化
	PS（聚苯乙烯）		台 化、台達化（1309）
2大常見塑化材料	EG（乙二醇）		東 聯（1710）、中 纖（1718）
	EVA（乙烯醋酸乙烯酯共聚物）		台 塑、台 聚、亞 聚

資料來源：工商時報

丁二烯-苯乙烯共聚物）以及PS（聚苯乙烯），其中PE又可分為HDPE（高密度聚乙烯）與LDPE（低密度聚乙烯）2種。除了5大泛用樹脂之外，比較常見的塑化材料還有EG（乙二醇）與EVA（乙烯-醋酸乙烯酯共聚物）。

雖然一般投資人不一定具有化學或化工相關背景的專業知識，但

只要能大概記得某項塑化產品有哪幾家主要生產公司，這樣就已經可以贏過市場 90% 以上的一般投資人了。另外，產業價值鏈資訊平台中也有相關資訊可以查閱（網址：ic.tpex.org.tw/introduce.php?ic=N000）。

台灣早期石化工業並不發達，台塑最早是從美援時期的第 1 個 4 年計畫（指台灣在 1953 年至 1956 年期間，接受美國政府經濟援助所制定的經濟發展計畫）中誕生，亦為台灣塑膠產業的奠基者。

台塑創建初期主要生產塑膠原料——PVC，迄今屹立不搖，並成為全球前 3 大 PVC 生產商。之後隨著經濟起飛，台灣塑化產業由下而上逆向發展為一套完整的產業鏈，從上游的輕油裂解，一直到中、下游的塑化原料與產品，環環相扣，此一體系可謂舉世獨有，並在短短數十年獲得良好的成就，同步帶動台灣經濟之蓬勃發展。

由於石化產業是高度資本與技術密集的產業，投資金額都相當龐大。以台塑在雲林麥寮投資的六輕計畫來說，1 期至 4 期總開發面積高達 2,603 公頃，總投資金額約新台幣 9,278 億元（含工業港、發電廠，共興建 56 座工廠，已全部完工投產）。

所以石化業中上游並不是一般企業可以隨便切入的，進入門檻相當高。也因此，雖然一開始看到這麼多塑化產品難免會讓人有眼花撩亂的感覺，但只要認真把它搞懂過一次，之後基本上就可以一直沿用下去（化學方程式是固定的）。加上塑化產業新上市櫃掛牌的公司並不多，只要每一輪 3 年～ 5 年的景氣循環有抓到，真的就讓投資人值回票價了。

我們這邊就以 PVC 為例。PVC 是屬於 5 大泛用樹脂中的其中一種，雖然光看英文或中文名稱對一般人來說有點陌生，但是 PVC 卻是廣泛應用到各種下游產業，如建築材料、包裝、運動鞋、電線電纜、醫療管材等的一種塑化材料。

若依用途來區分，PVC 主要用於建築業中的管材製造、門窗和牆板等，所以建築業為第 1 大用途，約占 PVC 消費總量的 62%；第 2 大用途則為包裝薄膜和容器，約占消費總量的 16%。

台灣目前主要有 3 家公司在生產 PVC，分別是台塑、華夏（1305）與聯成（1313），台塑 PVC 的生產量是 3 家公司裡面最大的，但由於股本大（註 1），加上生產的塑化產品種類繁多（PVC

大概占台塑生產比重約 20% 左右），所以通常在 PVC 報價上漲之時，會比其他 2 家公司的股價表現更為活潑。

①台塑

比對台塑股價與 PVC 報價的走勢，可以發現兩者呈現高度正相關，特別是在 2020 年下半年 PVC 報價落底之後，台塑的股價開始同步往上漲；當 PVC 報價在 2021 年年底見到高點反轉之後，台塑股價也在差不多時間見到高點並且開始轉折往下。當時觀察 PVC 報價確定落底並開始轉為上漲的時間點約在 2020 年 10 月左右，PVC 報價正式突破每噸 1,000 美元大關時，台塑股價（指月收盤價，下同）約 80 元，之後漲到最高 121 元，波段漲幅約 50%（詳見圖 1）。

除了從產業出發，追蹤產品的報價變化之外，我們也可以從財報的角度出發，同步觀察公司的營收變化來做 double check（再確認）。以圖 2 中台塑的月營收年增率與股價的對照表來看，可以發

註 1：2023 年 11 月，台塑股本 637 億元、華夏股本 58 億元、聯成股本 136 億元。

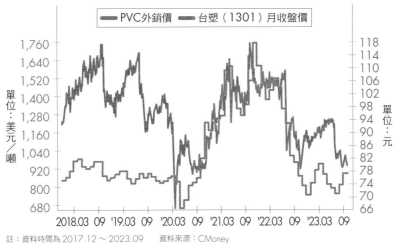

圖1 台塑股價和PVC報價走勢呈高度正相關
——PVC外銷價數值vs.台塑（1301）股價

註：資料時間為2017.12～2023.09　　　資料來源：CMoney

現2020年9月當台塑的月營收年增率開始轉為正成長時，台塑的股價也差不多整理完成；之後當月營收的成長率加速，台塑股價也同步開始上漲。

而為了避免單月營收出現劇烈波動，造成我們誤判公司的營收趨勢變化，除了觀察營收的單月變化之外，法人機構通常會再檢視公

圖2 從營收相關數據轉正，台塑股價也隨之上漲

——台塑單月合併營收年增率vs.台塑（1301）月線圖

註：資料時間為 2019.01 ～ 2023.05　　　資料來源：CMoney

——台塑3月－12月營收年增率差值vs.台塑（1301）月線圖

註：資料時間為 2019.01 ～ 2023.05　　　資料來源：CMoney

司近 3 個月與 12 個月的營收趨勢變化。用營收來追蹤公司基本面趨勢的方法，除了像是新藥這類營收不確性高的產業之外，可以適用 90% 以上的上市櫃公司。

可以看出，台塑的 3 個月與 12 個月的平均營收年增率在 2020年 8 月出現黃金交叉（詳見圖 2 零軸之上的柱體，表示 3 個月營收平均成長率＞ 12 個月營收平均成長率），也可以再度證明公司的基本面正在往好的方向持續發展中。

②華夏

看完了上面台塑股價與 PVC 報價的拆解過程，我們可以依樣畫葫蘆，用同樣的方式拆解華夏股價與 PVC 報價的變化。比對華夏股價與 PVC 報價的走勢，可以發現兩者之間也同樣呈現高度正相關，PVC 報價與華夏股價的高低點，幾乎是在差不多的時間點發生（詳見圖 3）。

我們在前文有提到，每次 PVC 報價上漲的時候，雖然台塑的生產量是台灣廠商中最大的，但也由於股本大，加上所生產的塑化原料品項眾多，股價的漲幅會相對較溫和。而以台聚（1304）集團旗

下的華夏來說，在公司所生產的產品中，PVC 及 PVC 相關製品占比高達 90% 以上，所以在 PVC 報價上漲過程中，受惠程度相對更大。

觀察華夏在 PVC 報價上漲時期的股價表現，2020 年 9 月的股價還不到 20 元，之後在 2021 年年底最高來到 47.95 元，波段漲幅超過 1 倍以上，這也符合我們前面段落所提示的，在 PVC 報價的上漲同一段時間內，股本比較輕盈與 PVC 產品比重較高的華夏，股價的漲幅通常會比台塑來得更大。

範例2》鋼鐵產業

鋼鐵依材質主要可劃分為「碳鋼」及「不鏽鋼」2大類（詳見圖4）：

碳鋼是指含碳量低於 2.11% 的鐵碳合金，並含有少量的矽、錳、硫、磷等元素。碳鋼的強度和硬度高，但耐腐蝕性差，主要用於製造建築結構、機械零件、工具等。

不鏽鋼屬於鋼品產業的特殊鋼材，主要指「鉻」含量超過 12% 的鐵合金。由於不鏽鋼具抗氧化與耐侵蝕的特性，故廣泛運用在廚具、

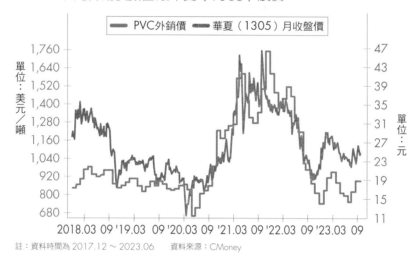

圖3 華夏股價和PVC走勢高度重疊
——PVC外銷價數值vs.華夏（1305）股價

註：資料時間為 2017.12 ～ 2023.06　　資料來源：CMoney

汽車材料、建築材料、醫療用材、3C 電子業等。

　　上游：碳鋼產業鏈上游為煤、鐵礦砂及廢鋼原料，以及由上述原料經高爐煉鋼（煤＋鐵礦砂）或電爐煉鋼（廢鋼）煉製而成的大鋼胚、小鋼胚、扁鋼胚、鋼錠等。無論是高爐煉鋼或電爐煉鋼，目前台灣的代表廠商皆為中鋼（2002）。

不鏽鋼產業鏈上游除了有煤、鐵礦砂及廢鋼原料外，生產過程中還大量使用鎳、鉻等高價金屬原料，所以一旦鎳或鉻的價格出現比較大的波動，不鏽鋼的市場行情將受到顯著影響。

中游：碳鋼產業鏈中游產品主要有冷軋鋼捲與熱軋鋼捲、鋼筋、線材盤元（直徑 14mm 以下）、棒鋼盤元（直徑 14mm 以上）。

不鏽鋼類方面，扁鋼胚經加熱後，經粗軋機及精軋機軋延，並噴水冷卻，即成「熱軋鋼捲」，主要用途為冷軋鋼捲的原料，亦可供製鋼管、貨櫃、容器等製管產品；熱軋鋼捲經酸洗、軋延、退火、精整後則成為「冷軋鋼捲」，主要市場為製管、自行車、汽機車及其相關零件等。

下游：無論是碳鋼或是不鏽鋼，下游應用產品都非常廣泛，包括金屬製品、機械設備、運輸工具、模具、螺絲螺帽、鋼線鋼纜、工業設施及建築工程等。

在了解鋼鐵產業的上、中、下游後，接著我們就以碳鋼產業鏈中游的熱軋鋼捲來舉例：

圖4 鋼鐵產業可分為「碳鋼」及「不鏽鋼」2種

—— 鋼鐵產業鏈簡介

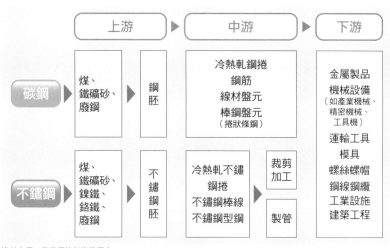

資料來源：產業價值鏈資訊平台

台灣目前主要有 2 家公司在生產熱軋鋼捲，分別是中鋼與旗下的中鴻（2014）。中鋼是台灣鋼鐵產業的龍頭，又是上游原料粗鋼的生產者，其生產規模自然是台灣鋼鐵產業中的 NO.1（第 1 名）。

但跟台塑與華夏的情況類似，由於股本大小和生產品項與比重的差異，在熱軋鋼捲報價上漲的過程中，股本大、熱軋鋼捲占營收比

重低的中鋼，股價表現通常會較為溫和；而轉投資的中鴻，由於熱軋鋼捲占營收比重較高，股價表現就會相對更為活潑，也更有上漲動能。

①中鋼

比對中鋼的股價與熱軋鋼捲報價的走勢可以發現，兩者之間同樣呈現高度正相關（詳見圖5）。2020年第4季，熱軋鋼捲報價開始翻轉向上，中鋼的股價也開始跟著緩步上漲。過了2021年的農曆年後，熱軋鋼捲的報價更是在突破2萬元大關之後加速暴漲，帶動中鋼的股價從2021年3月開始出現幾乎90度的仰角急攻，從大概25元～26元，一波直攻到2021年5月11日最高點的46.75元，波段漲幅大約80%左右。

除了追蹤產品的報價變化之外，我們一樣可以再用公司的營收變化來做確認。從圖6中鋼的月營收年增率與股價的對照表，我們可以發現，當月營收的年增率開始轉為正成長（2020年11月），中鋼的股價也差不多同時在低檔轉強。到了2021年的農曆年後，月營收的年成長率開始明顯加速，中鋼的股價也在這個時候開始加速上漲。

圖5 中鋼股價與熱軋鋼捲報價走勢呈高度正相關
——熱軋鋼捲市場流通價數值vs.中鋼（2002）股價

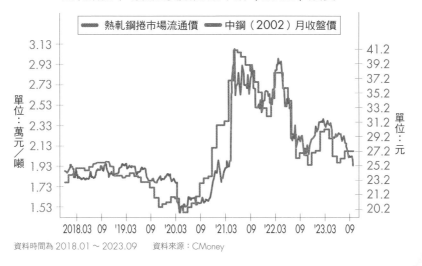

資料時間為 2018.01 ～ 2023.09　　　資料來源：CMoney

　　同樣地，為了避免單月的營收出現劇烈波動，造成我們誤判公司的基本面趨勢，我們也同步檢視中鋼近 3 個月與 12 個月的營收趨勢變化。

　　可以發現，中鋼的 3 個月與 12 個月的平均營收年增率在 2020年 8 月時已經出現黃金交叉（詳見圖 6 零軸之上的柱體，表示 3 個

圖6 中鋼月營收年增率翻正時，股價也在低檔轉強

——中鋼單月合併營收年增率vs.中鋼（2002）月線圖

資料時間為 2019.01 ～ 2023.05　　　資料來源：CMoney

——中鋼3月–12月營收年增率差值vs.中鋼（2002）月線圖

註：資料時間為 2019.01 ～ 2023.05　　　資料來源：CMoney

月營收平均成長率＞12個月營收平均成長率），柱狀體從零軸之下變成零軸之上，營收成長趨勢一路走高，之後也帶動中鋼的股價一路走高，營收成長動能一直持續到隔年的2021年7月，才開始放緩。

②中鴻

看完了上面中鋼股價與熱軋鋼捲報價的分析過程，我們再度依樣畫葫蘆，來對照中鴻的股價與熱軋鋼捲報價的變化。

比對中鴻的股價與熱軋鋼捲報價的走勢可以發現，同樣也出現高度的正相關性，報價與股價的高低點幾乎是在差不多的時間點上發生（詳見圖7）。而且由於中鴻的股本大約只有中鋼的1/10不到（2023年11月，中鋼股本約1,574億元，中鴻股本約144億元），加上熱軋鋼捲占中鴻的產品比重約80%左右，也比中鋼的27%還要來得高，所以在同一時間內，中鴻的股價相對中鋼顯得更為活躍，漲幅也大很多。

倘若我們觀察中鴻在熱軋鋼捲報價上漲時期的股價表現，可以得知，從2020年年底到隔年2021年的農曆年期間，中鴻股價大致

在 15 元～ 20 元這個區間內震盪，接著在熱軋鋼捲報價開始加速突破 2 萬元大關之後，中鴻的股價也同步開始飆漲，僅短短 3 個月內，在 2021 年 6 月 30 日就曾一度最高來到 64.7 元，波段大漲約 2 倍。

前面分析了塑化與鋼鐵 2 大傳統產業，接下來我們再以同樣的方式來分析電子產業中的記憶體產業。

範例3》電子產業之記憶體產業

電子產業中的「記憶體產業」，是非常標準的景氣循環產業。記憶體依據儲存資料之後是否需要持續供電，可分為「揮發性」，和「非揮發性」2 種。

揮發性記憶體在斷電後會丟失資料，例如動態隨機存取記憶體（DRAM）和靜態隨機存取記憶體（SRAM）；而非揮發性記憶體在斷電後仍然可以保留資料，例如唯讀記憶體（ROM）和儲存型快閃記憶體（NAND Flash）。接下來，我們就以最常見的 DRAM 和 NAND Flash 做說明：

圖7 中鴻股價與熱軋鋼捲報價走勢呈高度正相關
——熱軋鋼捲市場流通價數值vs.中鴻（2014）股價

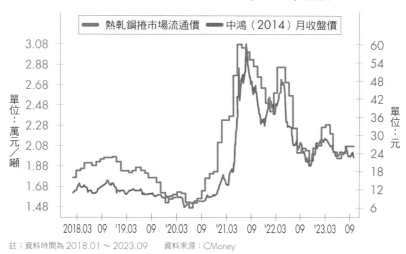

註：資料時間為 2018.01～2023.09　　資料來源：CMoney

①DRAM

DRAM 的中文為「動態隨機存取記憶體」，是一種半導體記憶體，依照不同產品的規格與應用，可再分成「標準型 DRAM（Strandard DRAM）」與「利基型 DRAM（Speciality DRAM）」。

標準型 DRAM 主要應用在桌上型電腦（PC）、筆記型電腦（NB）

等裝置上；利基型 DRAM 則多用在消費性電子、可攜式電子裝置等產品上，或是用於車用電子跟工業產業，其主要特色在於它是直接內嵌在終端產品（如手機、硬碟機、數據機等），並可根據不同需求進行客製化開發，解決產品記憶體的相關問題。

②NAND Flash

NAND Flash（以下簡稱 NAND）的中文為「儲存型快閃記憶體」，優點是寫入速度快且價格較低，現在的 USB 硬碟和手機儲存空間，就是以 NAND 為主流技術。

另外，固態硬碟（SSD）也是以 NAND 為基礎所建構的儲存裝置。SSD 在讀寫資料時不會有噪音，且耐震、傳輸速度快、重量又能縮減到傳統硬碟（HDD，註 2）1/10 以上，現在已經成為桌上型電腦和筆記型電腦的主流儲存設備。

在記憶體產業中，韓國 2 大廠商三星（Samsung）與 SK 海力士（SK Hynix）擁有相當大的影響力，在 DRAM 與 NAND 全球市場份額中，這 2 家大廠合計就囊括了超過 60% 的市占率（詳見圖 8）。也就是說，當這 2 家公司發表對記憶體市場的看法（不論是正面看

圖8 記憶體產業中，三星、SK海力士占半壁江山
——2022年DRAM＋NAND全球市場份額

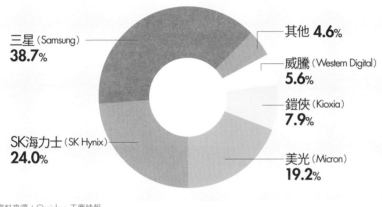

三星（Samsung）
38.7%

其他 **4.6**%

威騰（Western Digital）
5.6%

鎧俠（Kioxia）
7.9%

美光（Micron）
19.2%

SK海力士（SK Hynix）
24.0%

資料來源：Omida、工商時報

法或負面看法），又或是漲價或降價的訊息，都會對記憶體產業產生相當大的影響。

記憶體作為電子產品中一項必要且重要的零組件，其價格對供需

註2：傳統硬碟內含馬達、讀寫臂等零件，速度慢、功耗高，對震動又相當敏感，很難應用在手機等小型行動裝置中。

的變化相當敏感。而且現今 3C 電子產品的設計都往速度更快與容量更大做發展，對記憶體的需求長期下來絕對是持續增加。

在經過近 10 餘年的彼此競爭與購併後，記憶體產業基本上已經是一個寡占的競爭格局。每當記憶體需求上來時，前 3 大巨頭（三星、SK 海力士和美光（Micron））在幾乎已是寡占的情況下，每次都可以完整享受到價格上漲的好處，也可以避免其他中小型廠商做殺價競爭。

記憶體是景氣循環非常明顯的電子產業（另一個則是面板），按照歷史經驗，通常每隔 3 年～ 4 年就會循環一次，也就是説，從「供過於求」轉變成「供不應求」，或是由「供不應求」轉變成「供過於求」。

在記憶體供過於求的期間，價格會一路崩跌，甚至跌落到生產廠商的「現金生產成本」（不計折舊）之下，不僅是生產廠商必須承受虧損，中間的模組廠商也會遭受庫存跌價損失，必須在當下的財報上先做認列。也因此，對於記憶體相關的個股來說，除了掌握電子產業的高低景氣循環之外，「記憶體報價」的漲跌，相當程度上

也決定了記憶體生產廠商或模組廠商的營收與獲利表現。

目前記憶體的應用可以分為「消費型電子」與「伺服器為主的企業型應用」2 種。從 2022 年開始，消費型電子產品由於庫存過高，以及因為通膨導致終端消費者買氣縮手，讓手機、NB 與 PC 的狀況一直在低谷徘徊，也影響到了記憶體價格的表現。

各家大廠在不堪持續虧損的情況下，也紛紛祭出減產與縮減資本支出的措施，才讓整體記憶體的市況在 2023 年下半年開始慢慢回溫。加上人工智慧（AI）伺服器應用的興起，也會提高對記憶體的使用量。根據記憶體模組大廠威剛（3260）董座陳立白在 2023 年 10 月接受採訪時即表示：「記憶體已看到隧道口，DRAM 及 NAND 合約價 2023 年第 4 季將上漲 10% ～ 15%，2024 年將會好一整年。」

至於記憶體最新的價格要去哪裡查詢才有？投資人可以上集邦科技的網站（www.trendforce.com.tw/price）查詢最新的記憶體報價（詳見圖 9）。該網站查詢記憶體即時報價是免費的，但如果要查詢從過去到現在記憶體價格的趨勢變化，就必須要成為付費會員

才能查到完整的資訊。對於券商或各大研究機構來說，這是研究記憶體產業（或面板產業）必須要有的基本工具，但對於一般投資人來說，是否需要額外花一筆錢購買這樣專業的資料庫，就看個人的實際需求與使用頻率，可再自行做一番評估。

　　至於在記憶體價格上漲的期間，該怎麼樣挑選記憶體相關的概念股呢？在這邊有一個「存貨／股本比」的概念，可以在一定程度上幫助投資人更快且更客觀的挑出相關的股票，這個方式也是運用財報分析的方式，我們先從最新 1 季財報中找出「存貨」這個項目，再把存貨與公司目前最新的股本做比對，就可以得出來「存貨／股本比」。

　　一般來說，「存貨／股本比」愈高的公司，在接下來記憶體漲價的趨勢下，受惠程度就愈大。若舉例來說明，就是當我們預期未來黃金的價格將會上漲，因此在黃金價格還在低檔的時候，就預先買了很多低價的黃金庫存，之後等到黃金價格真的漲起來了，這些低價買進的庫存就可以用更高更好的價格賣出，創造更好的利潤空間。

　　這邊用庫存和股本「比率」的概念，而非單純只看帳上庫存的大

圖9 投資人可在集邦科技網站查詢最新的記憶體報價
——DRAM現貨價格

DRAM Spot Price ($USD)

週一至週五現貨價格更新時間為：早盤-11:00 am，午盤-2:40 pm，晚盤-6:10 pm   LastUpdate 2023-10-24

項目	日高點	日低點	盤高點	盤低點	盤平均	盤漲跌幅
DDR4 16Gb (1Gx16)3200	3.66	2.64	3.66	2.64	3.035	– 0%
DDR4 16Gb (2Gx8)3200	3.63	2.70	3.63	2.70	3.044	– 0%
DDR4 8Gb (1Gx8) 3200	1.70	1.45	1.70	1.45	1.510	– 0%
DDR4 8Gb (512Mx16) 3200	1.70	1.52	1.70	1.52	1.557	▲ 0.52%
DDR4 8Gb (1Gx8) eTT	1.35	1.13	1.35	1.13	1.212	– 0%
DDR3 4Gb 512Mx8 1600/1866	1.11	1.04	1.11	1.04	1.063	– 0%

註：資料時間至 2023.10.24　資料來源：集邦科技

小，可以讓我們得出更客觀的標準，不會因為個別公司規模大小而影響到篩選結果。

從表 2 來看，2023 年第 2 季財報「存貨／股本比」最高的是群聯（8299），群聯在 2023 年第 2 季帳上有高達 205 億 9,000萬元的庫存，公司的股本約 19 億 9,600 萬元左右，所以存貨／股

本比是 10.32 倍，當記憶體價格開始止跌翻揚時，群聯手中所擁有的低價庫存就成為搶手貨了。

但如果單純用帳上庫存來看的話，2023 年第 2 季帳上庫存最多的其實是南亞科（2408），約有 280 億元的記憶體庫存。但因為南亞科規模較大，股本大約 310 億元，所以相比之下反而讓南亞科的「存貨／股本比」只有 0.9 倍左右。由於表 2 僅列出「存貨／股本比」在 1 倍以上的記憶體公司，所以南亞科並未出現在上面。

在前文中，我們依序介紹了塑化產業、鋼鐵產業與記憶體產業，雖然每個產業的特性皆不盡相同，但這些產業都有幾個共通的特性：

1. 這些產業都是所謂的景氣循環產業，景氣的高低循環對產業的獲利影響相當大。

2. 這些產業都有公開的市場產品報價，每當價格進入上升循環期時，通常都會帶動股價的上漲。

所以即便產業不同，但分析的步驟與邏輯其實都還滿類似的，大

表2 群聯存貨／股本比高達10.32倍

——2023.Q2記憶體廠商存貨／股本比

股票代號	股票名稱	2023.Q2存貨（億元）	股本（億元）	存貨／股本比（倍）
8299	群　聯	205.90	19.96	10.32
4967	十　銓	45.28	7.15	6.33
3260	威　剛	114.63	26.34	4.35
3006	晶豪科	77.18	28.62	2.70
6485	點　序	6.46	4.42	1.46
5351	鈺　創	32.54	28.45	1.14
5269	祥　碩	7.93	6.94	1.14
5289	宜　鼎	9.67	8.84	1.09
6104	創　惟	9.64	9.03	1.07

註：表中僅列出存貨／股本比大於 1 倍的股票，並由高至低排序　　資料來源：各家公司財報

家也可以依樣畫葫蘆，去針對其他景氣循環股做練習，例如不鏽鋼產業的華新（1605），或是 2021 年大漲的貨櫃三雄——長榮（2603）、陽明（2609）與萬海（2615），都可以用這樣的方式去做分析。

延伸學習　中國的商品期貨市場可免費查詢報價

前面我們分析了塑化產業中的PVC與相關的2家公司——台塑與華夏，以及鋼鐵產業中的熱軋鋼捲與相關的2家公司——中鋼與中鴻。其中我們一再提到報價的重要性，讀者一定會好奇，這些資料要去哪裡找？

一般來說，現貨市場的最新即時報價都要從相關業界人士或是付費的資料庫才可以得到資訊，這對於一般非專業的投資人來說確實是一個難題。這邊我要告訴大家一個可以免費查到相關報價趨勢的地方：中國的商品期貨市場。

中國有很多項原物料都是全球最大或前3名的生產者或消費者，進而衍生出對期貨市場的避險等龐大需求，因此中國商品期貨市場的交易品項眾多，而這也讓我們在追蹤相關報價時，多了一個即時且有效的工具。

範例1　下圖是在中國大連期貨交易所掛牌的PVC期貨走勢，附上資料來源與相關網址，有興趣再進一步研究的讀者，可以一併對照當時台塑與華夏的股價走勢。

註：資料時間為 2020.09.29 ～ 2021.11.05　　資料來源：新浪財經
網址：https://finance.sina.com.cn/futures/quotes/V0.shtml

熱軋鋼捲也是中國上海期貨交易所中一個熱門的期貨品項，每天盤中的即時交易資訊同樣可以拿來對照當時中鋼與中鴻的走勢。

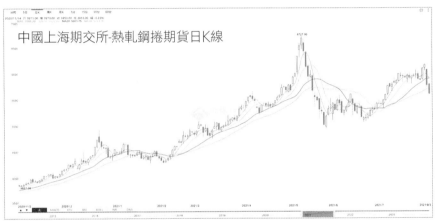

中國上海期交所-熱軋鋼捲期貨日K線

註：資料時間為 2020.11.02 ～ 2021.08.03　資料來源：金投網
網址：https://www.cngold.org/qihuo/rezhajuanban.html

⁵⁻² **2方法挖掘主流股**
搭上趨勢順風車

5-1 介紹了投資人如何透過產業分析來研究基本面，接下來要和大家介紹 2 個透過基本面找主流股的好用方法。

方法1》觀察外銷出口表現佳的產業

由於台灣是以外銷出口為主的經濟結構，出口占國內生產毛額（GDP）比重高達 70%，所以觀察外銷出口數據的好壞，對於投資人判斷產業景氣好壞的準確度，提供了一個客觀且具體實用的參考指標。

以財政部每個月所公布的外銷出口其中一個細項「基本金屬及其製品」，與鋼鐵產業龍頭股中鋼（2002）的股價做對照，可以發現兩者之間存在著一定的正相關性（詳見圖 1）。

圖1 外銷產業出口年增率與龍頭股股價呈正相關

——基本金屬及其製品出口年增率vs.中鋼（2002）月收盤價

註：資料時間為 2020.01～2023.08　　資料來源：財政部

——塑膠、橡膠及其製品出口年增率vs.台塑（1301）月收盤價

註：資料時間為 2020.01～2023.08　　資料來源：財政部

　　以上的情況會剛好只是個巧合嗎？那我們就依樣畫葫蘆再做一次對比。這次我們一樣拿外銷出口的另外一個細項「塑膠、橡膠及其製品」，與塑膠產業龍頭股台塑（1301）的股價做對照。從圖1中我們可以很明顯地發現，兩者之間同樣存在著一定的相關連結性。

　　在2023年上半年，很多產業（包含傳產與電子）都還在做庫存調整中。以2023年3月～5月的外銷出口數據來看，與去年同期相比，大多數產業仍在衰退當中。但其中「資通與視聽產品」卻連續2個月正成長，2023年4月年增5.4%、2023年5月年增11.95%，表現可謂是一枝獨秀。

　　既然「資通與視聽產品」表現優異，那我們就可以從台股中找尋相關產業的月營收變化再做確認。根據財政部的分類，資通與視聽產品主要包括電腦及其附屬單元、電腦之零附件、交換器、路由器、儲存裝置、手機等，裡面有多項電子產品，像是散熱與機殼、網通與通訊設備等，剛好是這一波人工智慧（AI）熱潮下受惠的產業。

①散熱與機殼

　　在電子產業細分類中，我們以AI股當時最熱門的「散熱與機殼」

為例，先篩選出近 3 季都有獲利的公司（即近 3 季每股盈餘（EPS）皆大於 0 元），再從中找出單月營收年增率或累計營收年增率較佳的公司，若是還在衰退的則可暫時略過，把時間優先花在研究成長幅度較佳的公司上，接著搭配近 3 個月或近 12 個月的營收變化，檢查是否有出現同步成長的趨勢動能，透過此方法可以找出這個產業族群中成長性最好的公司，而成長性好的公司股價漲幅通常也相對較大。

從表 1 中可以看出，2023 年前 5 個月累計營收成長表現最佳的是伺服器機殼的營邦（3693），2023 年 5 月的營收年增率達 43.17%，累計營收年增率也有 75.86%，而 2023 年的股價表現亮眼，漲幅也確實相當可觀。

②網通與通訊設備

再以「網通與通訊設備」相關個股為例，同樣先篩選出近 3 季都有獲利的公司，再從中找出單月營收年增率或累計營收年增率較佳的公司，還在衰退的可先略過，同樣把時間優先花在研究成長幅度較佳的公司上，搭配近 3 個月或近 12 個月的營收變化，檢查是否有出現同步成長的趨勢動能。對照當時的股價一樣可以發現，營收

表1 2023年5月，營邦累計營收年增率逾75%
—— 散熱與機殼近3季獲利的公司

股票代號	股票名稱	2023.05營收月增率（%）	2023.05營收年增率（%）	2023.05累計營收年增率（%）	近3月營收年增率（%）	近12月營收年增率（%）
3693	營邦	37.16	43.17	75.86	69.84	81.13
3540	曜越	-7.18	52.10	59.25	73.63	21.89
3032	偉訓	4.44	40.61	25.54	37.67	0.53
3013	晟銘電	-6.46	28.71	22.67	17.27	26.50
5465	富馳	15.43	32.05	21.05	32.45	-0.18
6230	尼得科超眾	0.48	1.45	15.48	9.27	12.28
3653	健策	3.08	2.77	9.14	4.85	26.77
2421	建準	3.08	0.14	3.35	11.23	5.96
3017	奇鋐	3.64	10.07	-0.01	10.04	13.53
3483	力致	-2.45	3.12	-2.52	3.59	-11.50
3071	協禧	-2.76	-14.67	-3.21	-0.88	6.82
8210	勤誠	18.49	-3.44	-6.27	4.14	6.93
3324	雙鴻	2.91	-18.49	-13.84	-7.98	-11.11
6276	安鈦克	12.21	-12.60	-18.05	-11.96	-18.18
3338	泰碩	26.53	-33.34	-30.90	-32.21	-20.74

註：本表依 2023.05 累計營收成長由高至低排列　　資料來源：籌碼 K 線

表2 2023年5月，華星光累計營收年增率逾107%

——網通與通訊設備近3季獲利的公司

股票代號	股票名稱	2023.05營收月增率（%）	2023.05營收年增率（%）	2023.05累計營收年增率（%）	近3月營收年增率（%）	近12月營收年增率（%）
4979	華星光	51.98	105.22	107.85	73.94	97.36
8048	德 勝	-15.04	90.49	70.10	88.93	45.74
6142	友 勁	-3.98	43.93	62.94	48.57	64.75
3558	神 準	-22.41	-6.50	42.81	29.55	71.84
6143	振 曜	7.66	44.31	35.72	37.96	31.35
4906	正 文	-3.94	12.79	35.29	42.46	39.73
6285	啟 碁	19.32	32.47	34.24	36.98	45.40
5353	台 林	4.91	5.47	22.86	31.27	27.42
4977	眾達KY	-38.38	-37.03	19.01	0.42	36.87
5388	中 磊	-8.71	9.15	18.15	10.97	36.83
2345	智 邦	2.38	5.14	18.06	8.46	27.65
2419	仲 琦	-4.66	10.91	17.59	16.83	39.73
3380	明 泰	-3.85	4.31	13.82	14.35	29.62
3596	智 易	7.71	-3.36	10.02	10.94	23.89

註：本表依 2023.05 累計營收成長由高至低排列　　資料來源：籌碼 K 線

成長性最好的華星光（4979）確實也是在那段時間表現最剽悍的網通與通訊設備股（詳見表2）。

以光通訊的華星光為例，2023年5月的營收年增率高達

105.22%，累計營收年增率也有 107.85%，代表公司目前營收成長動能強勁，股價也在近期表現相對佳。

方法2》追蹤盤面熱門股

「價值投資之父」葛拉漢（Benjamin Graham）曾經説過這麼一段話：「股價短線而言是投票機，但長線而言卻是體重計。」

投票機是什麼意思呢？在《華爾街的機智與智慧》（暫譯，書名原文為「The Wit & Wisdom of Wall Street」）這本書裡面有提到，假如有一場選美比賽，到底哪一位佳麗最終能夠拿下后冠，奪得勝利呢？答案是：並不一定是長相最美的那一位。畢竟每個人對於美的定義都不一樣，正所謂「青菜蘿蔔各有所好」，不過可以肯定的是，最後能夠拿下冠軍的，一定是獲得最多評審青睞與票數的那位佳麗。

同樣的，股票市場也是一項「多人運動」，能夠讓大多數市場投資人目光焦點集中的地方，往往也就是當下的主流產業；而某一個產業或某檔個股，是否可以從一開始吸引市場目光的投票機，最後

變成中長期實在的體重計，最大的差別是之後基本面能不能跟上來，而非只是單純的題材炒作而已。

舉例來說，在 2023 年 8 月初，市場突然出現所謂的「常溫超導體」概念股，讓市場點名的相關概念股，包括第一銅（2009）、金益鼎（8390）與泰銘（9927）等，一下子就成為網路股民熱議的話題。

但只要稍微有點物理科學常識的人，應該都可以理解，以目前科技發展的階段來看，在短期間之內，「常溫超導體」這個技術要真的可以應用在日常生活中，基本上是不太可能的，甚至連在實驗室中複製都仍然困難重重。

反映在股市上，就是「常溫超導體」概念股之後在短短不到 1 週的時間內，股價馬上就 90 度急轉直下，被 PTT 網友戲稱「超導立馬變成鈔倒」（詳見圖 2）。

①追蹤美股重要指標股表現

那在股市中，究竟誰有機會從「投票機」變成「體重計」呢？

圖2 2023年8月，第一銅股價急轉直下
——第一銅（2009）日線圖

註：資料時間為 2023.06.16 ～ 2023.09.25　　資料來源：XQ 全球贏家

在尋找或研究主流股的過程中，我們可以持續觀察「美國重要指標股」，譬如可以觀察標普 500（S&P 500）指數、那斯達克（NASDAQ）指數或費城半導體指數的成分股中，近期內到底是哪些產業或公司股價一直在往上衝。

像是 2023 年在標普 500 指數成分股中，名列年化報酬率第 1

圖3 **輝達2023年上半年股價漲幅近190%**
—— 輝達（NVDA.US）日線圖

註：資料時間為 2023.01.03 ～ 2023.06.30　　資料來源：XQ 全球贏家

名的輝達（NVIDIA，美股代號：NVDA），就非常具有代表性。輝達是 AI 最大受惠股，光在 2023 年上半年，股價就從最低 140.34 美元，最高一度漲到 439.9 美元，上半年漲幅高達近 190%（詳見圖 3）。而輝達股價上漲，也帶動相關產業供應鏈中的各家台廠如緯創（3231）、廣達（2382）與技嘉（2376）等個股股價提升，讓 AI 概念股成為台股在 2023 年的大黑馬。

②關注看盤軟體中的各產業表現

除了追蹤美股重要指標成分股的漲跌幅表現之外，有一些看盤軟體還會每天即時提供不同產業的強、弱勢表現，這也是我用來追蹤與判斷盤面主流股的一種方式。

我常說：「並不是每個人都是功夫高手葉問，有辦法可以1個打10個。最好的方式是10個去打1個，這樣成功率才會高。」把這個觀念運用到股票上，簡單來說就是要找到「族群性相關的個股有同步轉強」的情況，這樣一來，也可以方便我們快速且有效率的抓到目前市場資金關注的強勢主流產業。

就以免費看盤軟體「XQ全球贏家（個人版）」來說，在2023年10月第1週的細產業分類表現中，以利基型記憶體IC的表現最佳，後面包括記憶體模組與記憶體製造也都跟記憶體產業有關並擠入前5名（詳見圖4）。那麼我們在這段期間內，就可以多花點時間，針對記憶體產業做相關的研究功課。

以上就是2個利用基本面尋找主流股的好用方式，最後再簡單幫大家做個小結：

圖4 2023年10月第1週，利基型記憶體IC表現最佳
——2023年10月第1週細產業漲跌幅排名

商品	成交	漲跌	漲幅%	週漲%	商品	成交	漲跌	漲幅%	週漲%
利基型記憶體IC指標	669.60s	▲27.37	+4.26	+9.59	肥料指標	1216.58s	▲6.20	+0.51	+1.80
記憶體模組指標	402.40s	▲3.59	+0.90	+6.58	觀光休閒指標	876.04s	▲1.58	+0.18	+1.77
雲端指標	1752.97s	▲31.11	+1.81	+6.30	砷化鎵相關指標	3100.78s	▼42.42	-1.35	+1.76
資安指標	1120.92s	▲19.56	+1.78	+6.03	LCD驅動IC指標	3454.90s	▼20.85	-0.60	+1.72
記憶體製造指標	211.44s	▲2.28	+1.09	+5.78	樞紐指標	886.51s	▲4.13	+0.47	+1.68
USB IC指標	1528.87s	▼19.53	-1.26	+5.76	半導體設備指標	2873.69s	▼15.46	-0.54	+1.60
機殼指標	358.78s	▲1.25	+0.35	+4.60	設備儀器廠商指標	1374.20s	▲4.76	+0.35	+1.54
光纖產品指標	1793.35s	▲19.86	+1.12	+4.37	銅箔基板指標	2561.04s	▼66.50	-2.53	+1.44
電腦板卡指標	1460.80s	▲25.72	+1.79	+4.01	高爾夫球指標	451.92s	▲5.98	+1.34	+1.44
設計IP指標	10872.85s	▲77.42	+0.72	+4.00	合成樹脂指標	889.03s	▲8.84	+1.00	+1.32
IC設計指標	1192.67s	▲2.01	+0.17	+3.71	LED指標	291.90s	▲0.34	+0.12	+1.30
膠帶/貼紙指標	589.46s	▲3.40	+0.58	+3.47	電源相關指標	1498.30s	▼6.71	-0.45	+1.30
視訊轉換相關指標	532.80s	▼10.27	-1.89	+3.46	天線指標	991.07s	▲8.23	+0.84	+1.24
手機殼指標	81.35s	▼0.23	-0.28	+3.45	藥品通路指標	164.31s	▲0.14	+0.09	+1.20
產業機械指標	796.76s	▲11.90	+1.52	+3.40	印刷電路板指標	1156.67s	▼7.03	-0.60	+1.18
MCU指標	2529.18s	▲12.94	+0.51	+3.34	汽車零組件指標	697.34s	▲1.78	+0.26	+1.17
GPS指標	653.10s	▲13.53	+2.12	+3.17	隱形眼鏡指標	3504.70s	▲14.01	+0.40	+1.16
玻璃布指標	601.83s	▼1.85	-0.31	+3.16	機車相關指標	504.11s	▲1.22	+0.24	+1.06
電子驗證相關指標	3013.59s	▲17.27	+0.58	+3.15	自行車指標	961.82s	▲3.62	+0.38	+1.05
筆記型電腦指標	1348.49s	▲9.42	+0.70	+2.98	專業品牌代工指標	576.56s	▼3.95	-0.68	+0.93
散熱模組指標	1612.81s	▼12.62	-0.78	+2.83	安全監控系統指標	511.09s	▲1.41	+0.28	+0.93
矽晶圓指標	1457.94s	▲3.01	+0.21	+2.70	建材指標	1015.05s	▲2.73	+0.27	+0.92
印刷電路板上游與…	1016.56s	▼10.64	-1.04	+2.70	保險指標	523.31s	▲10.34	+2.02	+0.91
類比IC指標	1463.71s	▼5.48	-0.37	+2.55	觸控面板指標	115.76s	▼0.12	-0.10	+0.90
顯示器指標	686.96s	▲16.81	+2.51	+2.49	原料藥指標	1232.81s	▲3.00	+0.24	+0.89
運動產業指標	778.63s	▲1.47	+0.19	+2.28	醫療資訊技術指標	135.06s	▲0.52	+0.39	+0.87
車用電子指標	1265.04s	▲0.39	+0.03	+2.25	影像感測元件指標	428.35s	▲0.99	+0.23	+0.83
電聲產品指標	1163.74s	▲4.53	+0.39	+2.22	美妝美容指標	162.85s	▲1.12	+0.69	+0.82
染料, 顏料指標	510.24s	▲9.97	+1.99	+2.16	週邊產品指標	565.86s	▼0.05	-0.01	+0.79
IC封測指標	937.48s	▼3.81	-0.40	+2.08	製罐(瓶)指標	667.83s	▼0.46	-0.07	+0.79
軟體指標	1341.70s	▲23.07	+1.75	+2.00	工業電腦指標	1520.33s	▲5.95	+0.39	+0.77

資料來源：XQ全球贏家

　　在 3-1 有提到，我目前在進行投資操作時，所配置的比重大約是技術面與籌碼面各占 30%，基本面約占 40%。至於實務上該如何運用？每天要做哪些功課、觀察哪些數據？我在這邊幫大家做了一個總整理，只要按下列步驟 Step by Step（一步步）執行，每天僅需花半個小時就可以完成：

1. 每天篩選出當天法人（外資或投信）有買超的個股，統計是否有連續性的買超出現。

2. 觀察技術面指標是否同步出現轉強的訊號，例如成交量放大、技術面指標如 KD 指標、MACD 指標出現黃金交叉等。

3. 鎖定籌碼面和技術面都具有優勢的個股，接下來開始做基本面的研究功課，包括營收的變化、財報的表現、產品報價（如果有的話）與目前產業的供需狀況等。因為對於基本面的研究可深也可淺，每個人可依個人時間做彈性調整。

等大家做完功課，決定進場之後，建議先設好停損與停利的條件，並且隨時做動態調整。但要記住，投資時必須保持良好的心態，畢竟投資只是生活的一部分，並不是生活的全部，最好盡量避免因投資影響到自己原本的工作或家庭關係。成功的時候可以適時犒賞自己，失敗的時候也要記得自我反省與檢討，避免下次再犯類似的錯誤。只要不斷重複上述的過程，相信你的投資績效一定能步步高升。

第6章

投資心法篇

6-1 從輝達執行長3故事 汲取投資智慧

「決定你人生高度的，不是你的才能，而是你的態度。（Your attitude, not your aptitude, will determine your altitude.）」這句話是已故美國著名勵志作家、銷售員、激勵演說家吉格·金克拉（Zig Ziglar）的名言。

我們在做任何事的時候，包括升學考試、工作就職，甚至是股票投資，即便事前已經做了萬全的準備，但總會有遇到情況不如人意的時候，這時要怎麼面對當下的失敗與挫折，也是在投資領域中非常重要的一門功課。

以下我們就用輝達（NVIDIA）執行長黃仁勳在台大的演講來舉例說明：

黃仁勳給台大畢業生的 3 個關鍵字，分別是：認錯與求助、持之

以恆、撤退或取捨。

黃仁勳在 2023 年 5 月底應邀出席台大畢業典禮並上台致詞，他勉勵台大學生畢業後找到自己未來方向的重要性，也鼓勵大家為自己的理想去衝刺前進（他用的是「run」這個英文單字），並特別補充：「不管你是為了追尋食物，或是為了避免成為別人的獵物。（Remember, either you're running for food, or you are running from being food.）」

除此之外，當天他也分享了 3 個小故事，都很值得我們進一步去省思。

故事1》關於認錯與求助

「面對錯誤，勇於求助。（Confronting mistakes and asking for help.）」

當年輝達與日本遊戲大廠 SEGA 曾經共同開發一款 3D 圖形處理器（GPU），在研究進行大約 1 年左右的時間後，黃仁勳突然發現，

之前所規畫的技術策略已偏離了市場主流。在意識到這個問題之後，他很誠心並謙卑的與日本 SEGA 溝通並請求協助。最後，雖然輝達的晶片開發失敗，但 SEGA 依然付清了相關款項，讓輝達挺過了倒閉的危機。也因為黃仁勳正視了錯誤，並且立即停損，之後才能把手中的資源重新聚焦在對的產品開發上，終於在 1997 年推出熱銷的 RIVA 128，成功賺到公司的第 1 桶金。

故事2》關於持之以恆

「為了實現願景，必然要忍受痛苦。（Endure pain and suffering needed to realize your dreams.）」

除了在 GPU 的硬體設計與研發之外，輝達市值能站上近兆美元巔峰，也跟其所開發的統一計算架構（CUDA，全稱為 Compute Unified Device Architecture，是一種平行編程的模型和架構）有非常重要的關係。

過去由於繪圖顯卡在運算時缺乏一套標準化的模型架構，讓運算成本非常高，因此輝達早在 10 幾年前便投入大量的人力與資源進

行研究，並在 2007 年推出第 1 版 CUDA 系統。

到了 2014 年，一位研究人工智慧（AI）的學者把 CUDA 用在 GPU，成功開啟了人工智慧的年代，也讓輝達的 GPU 結合自家開發的 CUDA 系統，不僅成為目前 AI 最主流的開發工具，更成為了業界標準。

故事3》關於撤退或取捨

「有策略的撤退，決定什麼不去做。（Strategic retreat.）」

當年谷歌（Google）開發出安卓（Android）系統時，輝達是其主要的合作夥伴之一。那時適逢智慧型手機市場剛剛起步，未來的發展性相當大，但是輝達最終仍舊選擇放棄介入手機晶片市場，轉而更專心聚焦於 AI 深度學習系統的研發，也終於在 10 幾年後開花結果。

若把黃仁勳給台大畢業生的 3 個建議拿來套用在股市投資上，也非常受用：

認錯與求助》承認錯誤，並執行停損

即便是素有「華爾街股神」之稱的巴菲特（Warren Buffett），在新冠肺炎（COVID-19）疫情期間，也曾快速對航空股進行認錯與停損。

股神之所以是股神，不在於巴菲特每次投資決策都百分之百準確，或是每次出手都可以保證賺錢，而是巴菲特在看錯賠錢的時候，可以即時做處置，讓損失控制在合理的範圍內；在看對的時候又可以耐心的長抱持股，獲得翻倍，甚至是好幾十倍的回報。

就像巴菲特曾經說過的那句名言，「人生（投資）就像滾雪球（獲利），你只要能找到夠濕的雪，和夠長的坡道，雪球自然而然就會愈滾愈大。」

持之以恆》堅持對的，並長期執行

對於大多數非專業的投資人來說，我的建議是，即便再怎麼忙，最好每天都可以抽出至少 30 分鐘的時間鍛鍊投資的基本功。

你至少要針對手中持股的技術面與籌碼面做簡單的確認，觀察現

在技術面型態或位階是否維持在多頭架構上？籌碼面是否有法人或中實戶賣出的跡象或徵兆？也順便把近期外資或投信有進場或加碼的個股記錄下來，建立你下次布局的口袋名單。

像我們這類專業券商或投信的研究人員，就我個人觀察，大部分的專業人士每天花在看盤或研究上的時間至少都有 6 小時～ 8 小時左右，如果你身邊剛好也有這樣的朋友，可以多多跟他們請益是如何持之以恆的。

當然，在行有餘力的情況之下，多做一些產業基本面的深入研究，或是對財務 3 大報表（損益表、股東權益表及現金流量表）有基本的了解，都是可以提升自己投資功力的方法。

撤退或取捨》懂得收手，並發揮所長

前面我們有提到，雖然網路上常常出現所謂的「少年股神」，靠短線當沖進出，在很短的期間內創造很厲害的績效，也賺到了不少錢，可是就 2021 年與 2022 年的證交所統計資料來看，這種極短線的當沖交易，即便偶爾有賺，但總結下來，大部分的人其實都是賠錢的。除非你在股市已經學習一段時間，熟練各種短線交易的技

巧，並且能隨時盯盤，否則還是強烈建議大家要按部就班，先打好基礎再說。

每個投資人其實都有自己的專長或優勢，特別是跟自己工作領域相關的專業知識，這都是投資上相當大的優勢。

舉例來說，有些醫師或具有醫學背景的投資人，他們對於生技股可以說是研究得相當透徹，即便是一般人覺得生澀難懂的專有名詞，這些具醫療專業背景的高手都可以在法說會或是股東會上跟公司做深入的交流與對談，所以他們在投資生技股，特別是新藥股上面，就具有相當大的領先優勢，成功的機率自然也會較一般投資人提高很多。

再舉一個例子，如果你是某大餐飲或旅遊集團的員工，在疫情逐步趨緩之後，相信都可以明顯察覺消費者上餐廳吃飯或是出國旅遊的商機。其實就算不是餐飲業或是旅遊業的從業人員，從 2022 年年底疫情趨緩之後，大家應該都可以感受到上餐廳吃飯的消費者變多了。又或是當政府解除台灣人回國之後必須強制隔離的措施，改為「0 + 7」的自主管理之後，從 2022 年年底的第 4 季開始，就

有愈來愈多人迫不及待地安排久違的出國觀光旅遊⋯⋯。

　　上述這些例子都是從自己的行業優勢或是生活經驗出發，找到可靠投資機會的方法。就像一句老話說的：「但凡你認真歷練過的，最後都會被時間沉澱成真本事。」

保持正確投資心態
是成功不可或缺的關鍵

在學習的過程中，除了本書前面所介紹的這些方法或技巧之外，一個正確且良好的投資心態，更是想在股市中取得成功不可或缺的要件。

別怕停損》與其惦記失去，不如慶幸擁有

就以「認錯」與「停損」來說，這是很多投資人不願意也最不想面對的課題，除非遇到萬不得已的情況（譬如面臨融資追繳斷頭），否則大多數人都不想賠錢賣股票，甚至跌到後面有些人就乾脆抱著鴕鳥心態告訴自己：「沒賣就是沒賠，總有回本的一天！」但其實只要簡單加減乘除計算一下就可以發現，「學會停損」是多麼重要的一件事。

表1是投資市場上常見的停損表，從中可以發現，如果你在5% ～

表1 停損50%，需要賺1倍才能回本
──不同停損幅度欲回本所需的獲利

停損幅度（%）	剩餘本金（%）	賺回至本金所需獲利幅度（%）
5	95	5
10	90	11
15	85	18
20	80	25
25	75	33
30	70	43
35	65	54
40	60	67
45	55	82
50	50	100

註：假設原始本金為100%

20%左右停損，只要下次能買到1檔主流的好股票，要賺20%～30%並非難事，原始的本金水位也可以再度回到100%。但如果放任股票下跌不做任何處理，跌了50%之後要想再回到100%本金水位，就得要找到1檔可以大漲1倍的股票才有辦法，這樣難度就很高了。

曾經有句話是這麼說的：「想要好好觀察一個人，不能只看他在

成功時如何意氣風發，更要看他在面對逆境的時候是否能夠處之泰然。」微軟（Microsoft）創辦人比爾·蓋茲（Bill Gates）也曾說過：「成功是個最差勁的導師，會誤導自以為聰明的人覺得自己永遠不會失敗。」

特別是在近幾年，由於資訊發達、手機下單便利，讓很多股市新手，甚至是大學生，都加入股市投資的行列。原則上來說，能夠愈早開始為未來的財務進行規畫是件好事，但很多新手投資人一開始就求好心切，想要彎道超車快速累積財富，所以常能見到放大槓桿去做當沖交易的人，時不時就傳出違約交割的新聞。

這不僅會造成當下的交易損失，一旦發生違約交割而出現信用瑕疵，之後想要跟銀行打交道，譬如說辦理車貸或房貸等，就很有可能被銀行列為拒絕往來戶。因此，新手投資人在想著如何獲取高額利潤之前，不妨花些時間想想該如何降低損失。

當面對問題時，請試著成為一個正向（Positive）思考的人吧！

這邊我想先聊一部由兩大影帝傑克·尼克遜（Jack Nicholson）

與摩根‧費里曼（Morgan Freeman）所主演的電影──《一路玩到掛》（The Bucket List）。

　　傑克‧尼克遜和摩根‧費里曼在電影中飾演從未謀面，卻因為同時身患重病而住進同一間病房的病友。其中有一個橋段是當他們知道自己的生命可能即將迎來最後倒數時，心裡面所歷經的 5 個階段，而這也是一般人在遇到失敗與挫折時，常有的心態轉化過程：第 1 個階段是「否定和逃避」、第 2 個階段是「感受到憤怒」、第 3 個階段是「試圖討價還價」、第 4 個階段是「沮喪憂鬱」、第 5 個階段是「選擇接受」。

　　當兩人進入到「選擇接受」的階段時，他們終於醒悟：與其在醫院坐以待斃，還不如馬上動身去體驗最後的「人生清單」。因此，在轉念之後，兩個原本互不相識的陌生人選擇一起踏上了旅程。從印度的泰姬瑪哈陵，到東非坦尚尼亞大草原；從熱血的賽車競跑，到刺激的高空跳傘，兩人統統體驗了一遍，在生命最後的時光中，了無遺憾地完成了人生最終的清單。這是一部值得再三回味的好電影，推薦大家有機會的話可以看一下，將讓你的人生觀產生不同的體悟。

從電影拉回投資，其實對投資人來說，「停損」和生病一樣，都是很令人感到痛苦的事情，也會經歷以上 5 個不同心理階段的變化。那究竟投資人可以怎麼做呢？針對很多投資人狠不下心來停損的問題，我的建議是，就跟電影裡面兩位男主角學習「轉念」一樣，不要一直用負面情緒去想你會損失多少，而是要轉念去想，你還可以擁有多少。

打個比方，停損就好像失戀一樣，一開始肯定會讓你覺得心情沮喪，甚至茶不思飯不想，但你再轉念好好想想，其實你還擁有爸媽、同學與身邊許多好友的關心與陪伴，就像歌手梁靜茹〈分手快樂〉一曲中的歌詞：「揮別錯的才能和對的相逢」，我們要學會和錯的人（股票）告別，才能把位置留給未來對的那個人（股票）。簡單來說，一般投資人的資金有限，即時停損後，才能把資源重新集中在未來更有發展性的股票上。

勿逢低攤平》死抱賠錢股票只會增加沉沒成本

很多新手投資人看到股價下跌時的第一反應，除了選擇觀望，先不做停損之外，還有一個經常出現的情況，就是想要「逢低攤平」。

　　許多人會覺得，股價下跌之後又更便宜了，現在的股價比我一開始買進的時候還要低，因此會傾向繼續往下買進來攤平成本。但逢低攤平這樣的操作，其實是一種錯誤的投資方式。

　　在經濟學中有一個名詞叫做「沉沒成本」，是指已經發生或已經投入，不可收回的成本或資源。投入的成本或資源通常一般是指資金，但時間或是情感等也可以概括其中。

　　從心理學的角度來說，人類的天性本來就是害怕面臨損失，這也容易導致一個人很難下定決心去做「斷捨離」，因此在未來一段時間內仍會死抱過去錯誤的決策不放，最終導致沉沒成本發生。

　　如果拿感情來做比喻的話，就是「當兩個人在一起愈久，分手就愈困難」。這也是為什麼很多女生即便是所遇非人（即所謂的遇到渣男），但可能一開始都狠不下心來分手的原因。所以一旦遇到這種情況時，是否能具備快刀斬亂麻、果斷出場（分手）的決心就非常重要。

　　放在股市中也是同樣的道理，死抱賠錢的股票不放會導致沉沒成

本的產生，有可能因此忽略市場變化而使風險增加，甚至可能會錯過未來更有利可圖的投資機會。

學習不輟》重複的事情用心做，才能成為贏家

除了懂得認錯與停損之外，努力、持續地學習也是投資人必備的技能之一。由於本身是券商體系出身的，我發現身邊許多已經財務自由的前輩或朋友，他們對於研究的毅力與耐力都相當令人敬佩，每天早上開盤前就會準時就定位，並提前擬定當天的交易策略，下午收盤後再做公司拜訪，確認產業與公司的發展前景。

或許一般投資人沒有辦法像我們一樣每天花這麼多時間做產業研究，但每天至少應花 30 分鐘，把技術面與籌碼面的功課做好，一定要持之以恆，才能在股市中長期穩定獲利。天下沒有不勞而獲的午餐，這個道理相信大家都懂。

曾經看過有一本書是這麼寫的，想要在某個領域成為專家、行家與贏家，那麼你就應該這樣做：「複雜的事情簡單做，你就是專家；簡單的事情重複做，你就是行家；重複的事情用心做，你就是贏家。」

　　根據科學家研究，當一個行為重複了 21 次以後，就會形成習慣，而一個習慣的養成，則至少應重複 21 天。希臘哲學家亞里斯多德也曾說過：「能讓你卓越的並不是行為，而是習慣，是重複的習慣造就了現在的我們。」期許大家都能夠養成良好的投資習慣，進而創造出好的獲利。

第7章

未來亮點篇

7-1 聚焦電子股核心族群 ——半導體產業

　　在第 2 章～第 6 章中，我們已經幫大家介紹了一些投資所需要具備的知識，接下來，我想要與大家分享，自己觀察到哪些是未來的投資亮點。

　　在台灣股市中，電子產業逐漸在 2000 年之後成為市場交易與關注的重心，主要是因為台灣的國內生產毛額（GDP）中，大約有 65% ～ 70% 是由外銷出口所貢獻的。

　　而外銷出口的貨品中，從半導體矽晶圓、各種電子零組件，到組裝代工的桌上型電腦（PC）、筆記型電腦（NB）或手機等，這些

註 1：根據統計，2022 年台灣主要的出口產品中，最大出口項目為電子零組件，占整體出口比重 41.7%；其次為資通與視聽產品，占整體出口比重為 13.5%，兩者合計約 55.2%。

多樣化的電子產品又占總體外銷出口超過 50% 以上（註 1）。也因此，以台股加權指數（即大盤）來説，電子股的成交比重一般都有 70% 左右。

　　正所謂資金往哪裡跑，股票的人氣就會在那裡，所以身為台股投資人，電子產業確實值得我們花時間詳加深入的研究。而電子產業中，又以半導體最為重要，因此在下文中，我們將針對半導體做一些相關介紹：

台廠在全球晶圓代工市占率已高達66%

　　半導體是一種電導率介於導體和絕緣體之間的物質或材料，可用以製造各種電子元器件，例如：電晶體、二極體、三極體等。這些元器件是電子產品的基礎，被廣泛應用於計算機、通訊、消費電子等領域。

　　目前全球各家半導體大廠都在積極研發半導體製程的改良與進化，台積電（2330）由於受惠先進製程版圖持續擴張，市占率從 2021 年的 53% 提升至 2022 年的 56%，若再加計聯電（2303）、

力積電（6770）、世界（5347）等其他廠商的市占率，台廠在全球晶圓代工市占率已經高達66%。在3奈米、4奈米、5奈米投片量逐漸提升的推動下，預計2023年台積電還會繼續提高全球晶圓代工市占率。

投資人如果想要認識半導體，就勢必得先了解半導體的相關製程。一般大家所說的「半導體製程」，其實涵蓋了從最一開始的設計到製造積體電路（IC）的整個流程，以及中間極為複雜的數百道加工步驟。若要簡單加以劃分，那麼大致可以分成以下幾個階段（詳見圖1）：

階段1》前段製程

包含一開始的薄膜沉積、塗上光阻劑⋯⋯，到最後的移除光阻等實際在晶圓上製造出電路的製程步驟，以及穿插在這些步驟之間的清洗製程等。

階段2》後段製程

當晶圓製作完成之後，還需要經過切割、測試、封裝等後段步驟，才會變成我們所看到的晶片。

圖1 矽晶柱經過多道工序後，才會變成晶片
── 半導體製程簡介

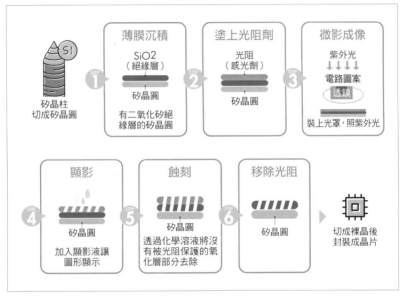

註：步驟1～6為前段製程　　資料來源：SEMI 國際半導體產業協會

先進製程僅剩台積電、三星、英特爾競逐

在半導體製造與演進的過程中，不得不提到一個重要觀念，就是「摩爾定律」。

所謂「摩爾定律」，是指半導體產業的電晶體持續朝微型化發展，而且在電晶體縮小的同時，其積體電路上的電晶體數量依舊能以幾何級數的方式快速成長。

過去摩爾定律認為，積體電路上可容納的電晶體數量，每年約會增加 1 倍。後來根據產業發展趨勢修正，積體電路上可容納的電晶體數量，大約每 18 個月至 24 個月便會增加 1 倍，且新晶片的效能會比上一代晶片提升約 40%，而這一趨勢也促使半導體產業不斷創新。

現行半導體產業依然持續走在突破摩爾定律道路上，但在先進製程上面，目前全球就只剩下台積電、三星（Samsung）以及英特爾（Intel）這 3 家半導體龍頭大廠。除了上述的半導體 3 巨頭之外，其餘半導體業者都已對外宣布止步於成熟製程，未來僅針對現有技術做優化，不再投入研發成本推進先進製程的布局。

很多投資人好奇，究竟成熟製程與先進製程之間有何不同？目前市場上的主流觀點，是以 7 奈米（註 2）作為先進製程與成熟製程的分水嶺。7 奈米以下（包括 5 奈米及 3 奈米等）稱為「先進製程」，

而 7 奈米以上（包括 16 奈米及 28 奈米等）則稱為「成熟製程」。這兩種製程除了在晶片體積上有所不同之外，在終端應用需求上也有顯著差異。

至於未來成熟製程是否會被先進製程完全取代？事實上，成熟製程並未因先進製程的技術領先而受到排擠，反而有很多應用之處，譬如車用微控制器（MCU）晶片與電源管理 IC（PMIC）等，基於效能及成本考量，都會以成熟製程為優先。

而隨著 5G、人工智慧（AI）等各種應用如雨後春筍般出現，大量的數據及圖像資料處理也需要更強大的晶片才能加速運算力，所以先進製程主要用來生產中央處理器（CPU）、圖形處理器（GPU）與 FPGA（現場可程式化邏輯閘陣列）等高效能運算晶片。

雖然先進製程在 AI、先進駕駛輔助系統（ADAS）等應用的加持下，已經成為全球科技業，甚至各國政府關注的焦點，未來可期。

註 2：7 奈米、5 奈米、3 奈米是指半導體的「製程節點（Process Node）」，一般來說，數字愈小，晶片就愈厲害。

然而基於 3 原因，先進製程目前全球只剩下台積電、三星與英特爾 3 大廠商有實力可以繼續研發下去：

原因1》研發及製造成本高昂

根據研調機構 IBS 預估，5 奈米晶片的設計成本幾乎是 28 奈米的 10 倍，因為每往下一個新的製程邁進，就需要投入資源開發新的軟硬體工具，當製程的複雜度增加，導致製造成本跟著水漲船高。

研調機構 IC Insights 指出，28 ／ 22 奈米加工一片晶圓的成本不到 4,000 美元；但是到了 5 奈米，價格就要約 1 萬 1,000 美元。此外，根據 DIGITIMES Research 的研究，以月產能 5 萬片的 90 奈米 12 吋晶圓廠為例，大概需要 24 億美元的投資成本；但是當製程來到 28 奈米時，投資成本將會漲到 60 億美元。而以現在先進的 4 奈米或 5 奈米製程來說，晶圓廠的資本支出規模甚至高達 160 億美元。

由於晶圓廠的投資金額非常龐大，並不是每家企業都有能力能夠負擔，所以目前全球已經推進至 7 奈米以下先進製程的半導體公司，只剩下台積電、三星與英特爾 3 家，也讓半導體先進製程的產業集

中度愈來愈高。

原因2》EUV曝光機研發成本高

微影成像與蝕刻是 IC 製程中相當重要的環節之一，這個步驟是先將晶片上塗一層光阻劑，藉由光阻劑接觸到不同光源就會溶解，藉此留下希望刻在晶片上的圖案。

隨著半導體製程不斷發展，電晶體的線寬愈來愈小。為實現更小的電晶體線寬，必須有相對應的機器。目前能做到 7 奈米以下製程的設備，只有艾司摩爾（ASML）的 EUV（極紫外光，註 3）曝光機。

在 EUV 曝光機出現之前，微影成像市場由日本的尼康（Nikon）、佳能（Canon），以及荷蘭的艾司摩爾 3 家公司瓜分，但因為 2 家日商當時認為 EUV 曝光機技術不可行，且投入的成本太高，因此決定放棄，僅剩艾司摩爾繼續研究。

註 3：EUV 是指波長小於 13.5 奈米的光，使用 EUV 作為光源的曝光機，即為 EUV 曝光機。由於造價昂貴、製程繁複、貨源稀少，關鍵技術由荷蘭的艾司摩爾一手掌控。2021 年，艾司摩爾全年僅出貨 42 台 EUV 曝光機，2022 年成長至出貨超過 50 台，新一代機器的單價高達 4 億美元。

不過艾司摩爾的研發之路並非一帆風順，反而十分艱辛，期間台積電、三星、英特爾都有直接注資投資，像是英特爾 2012 年就投資艾司摩爾 41 億美元。艾司摩爾 20 年磨一劍，最後才獨霸 EUV 曝光機市場。

原因3》SoC存在良率、成本問題

由於電子產品功能愈來愈多元，半導體的製作技術愈來愈先進，要怎麼樣才能把更多電晶體塞在同一顆晶片上？有人提出「系統單晶片（SoC）」概念，把電子產品所有功能都做在一顆大晶片上，像是把手機處理器、數據機、記憶體、射頻都一起做。但大晶片的問題是：

①**良率問題：**一片晶圓能切出的大晶片數量比小晶片數量少，若是受到相同程度的汙染，大晶片的良率會比較低。

舉例來說，在同樣大小的晶圓上，大晶片可以被切割成 54 顆裸晶片（gross die，指尚未經過封裝的晶片），小晶片則可以被切割成 264 顆裸晶片。假設在製作過程中有 20 顆灰塵掉落，則大晶片可能會有 16 顆受損，小晶片則可能會有 20 顆因受損而報廢（詳見

圖2 若受到汙染，小晶片良率優於大晶片
——大晶片、小晶片良率比較

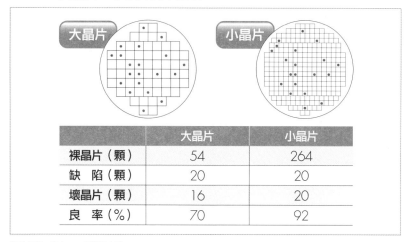

	大晶片	小晶片
裸晶片（顆）	54	264
缺　陷（顆）	20	20
壞晶片（顆）	16	20
良　率（%）	70	92

資料來源：CMoney 美股放大鏡

圖2）。這樣一換算下來，大晶片的良率是70%（＝（54 － 16）÷54×100%），而小晶片的良率則是92%（＝（264 － 20）÷264×100%）。

很明顯可以看出，在其他條件不變的情況之下，以小晶片的方式來製造，半導體晶片的良率會明顯提高。

②**成本問題**：並不是每個晶片都需要用到最先進的製程，例如類比晶片、射頻晶片，這類晶片強調的是穩定度，而不是更快的處理速度，因此採用較低成本的成熟製程就已夠用，把大晶片上每個部位都採用先進製程製作並不划算。

至於要怎麼解決 SoC 晶片的良率與成本問題？這點我們會在 7-3 的「先進封裝」部分再跟大家做進一步說明。

7-2 AI基礎設施》
伺服器、散熱系統、機殼

7-1 和大家介紹了半導體的概要，接著我要幫大家介紹半導體產業冉冉升起的新星——人工智慧（AI）。

AI 雖然已被市場討論多年，但過去幾年的發展卻總是不慍不火。但自從 OpenAI 公司在 2022 年 11 月發表了 ChatGPT 後，AI 領域一夕之間便風雲變色，迎來了爆炸性的成長。2023 年，全球投資焦點絕對非 ChatGPT 莫屬了。

ChatGPT 不單單是在上線短短 5 天之後，就擁有 100 萬名使用者；更是在上線僅 2 個月後，就達到上億名使用者，創下了史上最快破億人使用的應用程式這個新紀錄（詳見圖 1）。就連當下最熱門的應用程式抖音（TikTok），當初也是花了 9 個月的時間才達到破億人使用，由此可見，與之相比，ChatGPT 的熱門程度肯定是有過之而無不及。

ChatGPT 是生成式 AI 的一種，過去的 AI 需要開發者嚴格編寫規則，而現在的生成式 AI 則可以像人一樣學習，並且可以自己生成文本和圖像，更具自主性和創造力。未來，生成式 AI 的應用將愈來愈廣泛，也愈來愈受到市場矚目。

像是科技巨擘微軟（Microsoft）在 2023 年 7 月 18 日宣布，Microsoft 365 的 AI 服務 Copilot 將採取訂閱收費制，以帳戶為單位，月費 30 美元，該消息讓市場正面看待公司未來營運發展。也代表這些雲端運用的廠商正在投入大量的人力與物力開發 AI，已開始找到未來可以獲利的營運模式之一。

這種生成式 AI 只要加以訓練（詳見延伸學習），就可以創造出原本不存在的音樂、語言及其他形式的數據或圖像。讓使用者可以用簡易的線條或文字描述、設定風格，快速生成影像。隨著生成式 AI 技術熱度持續發燒，其應用也進一步拓展到我們的日常生活當中。

在台灣，AI 旋風目前已經吹到新聞界，民視也推出全台首名「AI 主播」引起大眾討論。根據民視表示，AI 虛擬主播是與光禾感知科技共同推出，語音播報則是由微軟生成，共花費半年的時間才打造

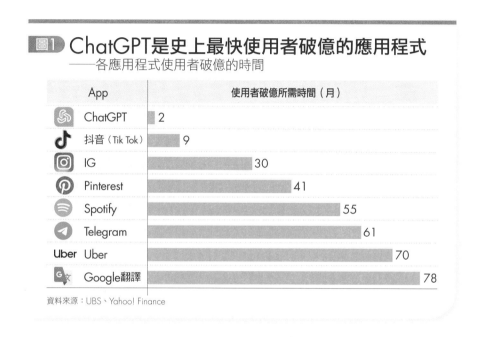

圖1 ChatGPT是史上最快使用者破億的應用程式
——各應用程式使用者破億的時間

App	使用者破億所需時間（月）
ChatGPT	2
抖音（Tik Tok）	9
IG	30
Pinterest	41
Spotify	55
Telegram	61
Uber	70
Google翻譯	78

資料來源：UBS、Yahoo! Finance

出 AI 虛擬主播，算是台灣新聞業的創舉。

　　雖然 AI 主播初期播報新聞時仍有些嘴型與語調不太自然的狀況，但由於 AI 本身具有學習能力，隨著播報次數增加，之後嘴型跟語調都將更加自然，也會更貼近真人。

　　除了有電視台推出 AI 主播之外，國外美髮造型網站 StyleSeat，

也透過 AI 生成 100 個國家或地區中不同長相與裝扮特色的女性。整體而言，AI 眼中的美女依據各國文化、種族不同，也會有所變化，這意味著 AI 有能力可以辨別各種形式差異，雖然這些由 AI 生成的美女，仍普遍有著身材較為纖細、妝容較為簡單自然而非大濃妝的共通點。

AI 技術的研發需仰賴長期且大量的資金投入，目前全球幾大科技巨擘，包含美股市值前 5 大的公司——蘋果（Apple）、微軟、Google 母公司 Alphabet、亞馬遜（Amazon）與輝達（NVIDIA），都積極介入與開發相關技術，並建立高度競爭優勢，已成為 AI 領域的主要玩家。

當全球的科技大廠紛紛投入 AI 的技術發展與建設，也為擅長電子業硬體製造的台廠創造了非常多新的商機。以下我們就針對 AI 所帶動的硬體或零組件（包含組裝製造）商機，為大家做進一步的分析。

AI 相關商機大致可分為「基礎設施」、「核心技術」和「新興技術」3 類，在下文中，會先幫大家介紹基礎設施類，剩下的核心技術類和新興技術類，則依序在 7-3、7-4 解說。

基礎設施類是指為 AI 應用提供必要硬件的基礎設施，包括 AI 伺服器、散熱設備和機殼等，分述如下：

類別1》伺服器

過去傳統伺服器是以中央處理器（CPU）為主，但隨著 AI、5G 時代到來，以 x86 架構為主的 CPU 晶片遭遇效能無法跟上市場需求的瓶頸，因而有了新興晶片業者的產生，也就是在 CPU 之外，再加入像是加速器的晶片，例如圖形處理器（GPU）、FPGA（現場可程式化邏輯閘陣列）、特殊應用積體電路（ASIC）等等，使效能得以再提升。

這種搭載 GPU、FPGA、ASIC 等晶片的伺服器，也就是所謂的「AI 伺服器」。在 AI 伺服器中，不同的晶片設計各有其優劣勢，應用之處也不盡相同。

①CPU

CPU 是計算機的核心，負責執行程序中的指令。計算能力強，但因為是採單一計算，所以效率較低，且功耗（指設備在運行時消耗

的電能）也較高（詳見表 1）。

②GPU

　　GPU 適合用於圖像訓練，計算能力弱，但因為是採同時計算，所以效率較高，當然熱功耗也同樣較高，用於「訓練」相對適合。

　　一般來說，高階伺服器需同時採用先進的 CPU 與 GPU，才能成為「高效能運算（HPC）」的層級。但你可能感到納悶，為何不能擇一使用？

　　首先，CPU 就像是汽車的主引擎，其他都是配合它運作的元件，如果沒有了 CPU，伺服器將無法運作。而在設計架構上，CPU 算是處理器當中的「通才」，擁有高度的靈活性，能處理邏輯設計非常繁雜的運算指令，可是一旦 CPU 被交付「大量且瑣碎」工作，雖然它也能夠處理，卻是大材小用，將會浪費許多寶貴時間，就像米其林主廚被派去夜市炸雞排一樣。

　　相較之下，GPU 在設計上適合快速處理簡單且密集的運算，可以說是「專才型」處理器。除了渲染圖像之外，GPU 在需要密集資料

表1 搭載ASIC晶片的伺服器效能最高
——AI伺服器晶片比較

晶片名稱	CPU	GPU	FPGA	ASIC
中文名稱	中央處理器	圖形處理器	現場可程式化 邏輯閘陣列	特殊應用 積體電路
效　能	中	高	超高	最高
功　耗	高	超高	超低	低
設計彈性	最高	中	超高	最低
訓　練 （Training）	弱	最佳	效率低	最佳
推　論 （Inference）	弱	中	最好	無
品　牌	英特爾（Intel） 超微（AMD） 安謀（Arm） 美普思（MIPS）	輝達（NVIDIA） 超微（AMD） 英特爾（Intel） 安謀（Arm） 高通（Qualcomm） 博通（Broadcom）	賽靈思（Xilinx） 阿爾特拉（Altera） 微軟（Microsoft） 百度（Baidu）	Graphcore Movidius Nervana 谷歌（Google） Cerebras

資料來源：集邦科技、MoneyDJ

運算的領域也嶄露頭角，比如在大數據分析、機器學習、AI 發展等方面，GPU 已成為推動電腦科學向前邁進的重要功臣。

③FPGA

FPGA 晶片在出廠後可由使用者重新設定功能，調整其適合執行的任務。FPGA 具有可隨時編程、彈性設計、功耗低等優點，用於「推

論」可達到優於其他晶片類型的效果。彈性大的 FPGA 唯一的缺點，就是要價大多比 ASIC 晶片來得昂貴。

④ASIC

　　ASIC 是效能最高的方案，最符合客製化需求，但一次性的開發成本高，加上前期開發時間較長，目前比較適用於量大的消費性產品。

　　根據研調機構集邦科技（TrendForce）報告，目前 AI 伺服器仍以輝達 GPU（如 A100 晶片、H100 晶片）為搭載主流，市占率 60% ～ 70%，其次才是各家雲端業者自行研發的 ASIC 晶片，市占率逾 20%。

　　展望全球 AI 伺服器市場，根據 TrendForce 資料，2023 年 AI 伺服器出貨量預估近 120 萬台，年增近 40%，往後數年也將呈現快速成長的趨勢（詳見圖 2）。在 AI 伺服器營收比重持續增加的情況下，可以期待相關台廠供應鏈在未來有強大的營運成長動能。

　　目前 AI 模型不論是「推論」用還是「訓練」用，都需要大量的 AI 伺服器作為運算基礎。也因此，切入 AI 伺服器這塊領域的廠商，如

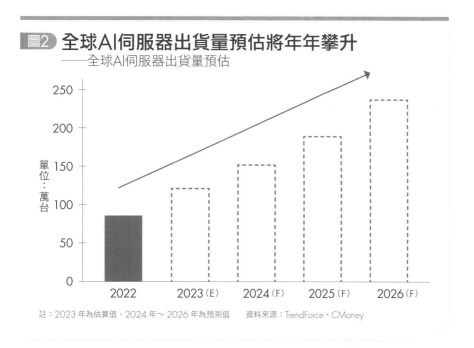

圖2 全球AI伺服器出貨量預估將年年攀升
——全球AI伺服器出貨量預估

註：2023年為估算值，2024年～2026年為預測值　　　資料來源：TrendForce、CMoney

緯創（3231）、緯穎（6669）、廣達（2382）、技嘉（2376）、英業達（2356）、中國工業富聯與美商美超微（Supermicro）等，隨著AI應用持續擴大，相關公司的AI伺服器營收都會持續成長（詳見表2）。

❶緯創：輝達AI繪圖卡和深度學習加速器（DGX）系統主要供應

商之一。緯創自 2017 年開始切入 AI 伺服器，至今已經有 6 年左右。除了 GPU 伺服器的設計與製造、GPU 加速卡產品之外，還有雲端客戶商 AI 伺服器的訂單。

從 2022 年開始，緯創旗下的 GPU 伺服器、加速卡及高速交換品等相關 AI 運算產品，其營收貢獻已達 150 億元，預期未來幾年將能更進一步成長。

❷**緯穎：**由母公司緯創於 2012 年轉投資所成立，目前緯創仍持有緯穎股份近 40%，主要提供「超大型資料中心（Hyperscale Data Center）」及「雲端基礎架構（Cloud Infrastructure）」各項產品及系統的解決方案。

緯穎近來跨入 AI 伺服器市場，旗下 3 大雲端客戶分別為微軟、臉書（Meta）和亞馬遜。根據外資摩根大通（J.P. Morgan）分析，緯穎目前高達 50% 業務都與 AI 有關。2023 年第 1 季由 AI 伺服器貢獻的部分，雖然占營收比重仍不到 20%，但客戶對 AI 伺服器投資力道積極，公司有多種 AI 晶片的組合及應用供客戶搭配選擇，未來仍將受惠 AI 伺服器成長的商機。

表2 輝達GPU模組供應鏈以工業富聯為主

——輝達AI伺服器供應鏈

輝達AI伺服器	GPU模組	基板	主機板	伺服器	機架
深度學習加速器（DGX）	工業富聯	緯創	緯　創		N/A
高性能計算平台（HGX）			廣　達 緯　穎 英業達 美超微 工業富聯	廣　達 技　嘉 浪　潮 雲　達 美超微 工業富聯	廣　達 技　嘉 浪　潮 雲　達 緯　穎 美超微 工業富聯
高性能互聯標準（PCIe）		N/A			

註：1. 緯創（3231）、廣達（2382）、緯穎（6669）、英業達（2356）、技嘉（2376）屬於台商；浪潮、雲達、工業富聯是中國廠商；美超微則是美商；2.N/A 表示無資料
資料來源：摩根士丹利研究、科技新報、遠見雜誌

❸廣達：主要透過旗下雲達科技與輝達合作，之前展出第 1 台運用 NVIDIA MGX 架構搭配 NVIDIA Grace Hopper Superchip 的超大規模 HPC-AI 伺服器，預計最快將在 2023 年第 4 季放量，有望挹注廣達集團在 AI 伺服器的出貨持續增溫。

❹技嘉：耕耘伺服器產業多年，並已從 HPC 伺服器跨向 AI 伺服器發展，其搭載輝達 H100 晶片的 AI 伺服器，在 2023 年第 1 季底至第 2 季初開始有小量出貨，推升伺服器業績，預期全年出貨量

將呈雙位數成長。另外，其伺服器在 2023 年第 1 季營收比重為 22%，其中 AI ／ HPC 伺服器比重約為 20% ～ 30%，接下來也將逐季拉升。

❺**英業達**：主要接單微軟、Google 這兩家雲端服務商的 AI 伺服器，目前占營收比重約 10% ～ 15%，等到客戶加速導入應用後，有望進一步提升 AI 伺服器產品的出貨滲透率。預估 2023 年全年 AI 伺服器出貨占比接近 15%。

由於 AI 伺服器在功能與設計複雜度上皆有所提升，因此也推動產品均價明顯大於一般型的伺服器，相關組裝與生產零組件的業者都將因而受惠。再加上 AI 伺服器配有 GPU，在伺服器的高度、重量以及熱設計功耗（TDP）均有提升的情況下，從 GPU 模組、基板、散熱、電源供應器、機殼、導軌及印刷電路板（PCB）等業者亦將同步受惠。

而除了 AI 伺服器的高度成長之外，預期一般型伺服器需求也會於 2023 年第 4 季之後回升，屆時將推升整體產業供應鏈的營收與獲利成長。

類別2》散熱系統

2022 年年底，ChatGPT 一經推出之後，隨即便引起市場的高度關注，也帶動了生成式 AI 的熱潮持續發燒。由於 AI 需要大規模且高效能的運算，因此目前主流架構是以具有高度平行運算能力的 GPU 為主。

以輝達資料中心的 GPU H100 晶片為例，其 TDP 即由前一代的最高 400 瓦（W）躍升至 700 瓦。

TDP 是指一顆 CPU 或 GPU 處理器在達到最高負荷時，所釋放出的最大熱量。雖然所使用的單位是「瓦」或「千瓦（KW）」，不過 TDP 並不代表處理器的最大功耗，而是處理器不得超過的功耗上限，以避免散熱系統無法負荷，導致系統過熱而損毀。當 TDP 上升時，表示處理器可以處理更多的熱量，但同時也需要更多的能量，因此，實際需要的功率（指在單位時間內能量轉換或是傳輸的速率）也會變多。

至於在功率大增的情況下，如何有效讓 AI 伺服器降熱並且降低能

耗，將是各大散熱廠商未來研發的重點方向，也將為之帶來龐大的
商機。

就像天氣熱、溫度高，人體需要透過出汗的方式散熱，而電子產
品在運作的過程中也會持續發熱（譬如用手機一直看影片，就會發
現手機變熱了），此時就需要以外力幫設備、系統或裝置進行散熱，
避免出現不正常運作或出現過熱的現象，進而影響電子產品的壽命
與效能。

除此之外，在綠色環保節能的趨勢下，為了盡量降低功耗，近年
各國對資料中心能耗的監管日益嚴謹，也紛紛制定相關法案來明定
電力使用效率（PUE）規範。

PUE 是計算資料中心節能省電的標準，計算的方式是資料中心「總
用電量」與「供應 IT 設備的電量」的比值。當 PUE 值愈低，代表機
房空調冷卻時所耗的電力會更少。理想的 PUE 比例為 1：1，意即
資料中心所提供的電完全用於電腦運算。

為使 PUE 有效落在合乎法規的範圍之內，散熱系統設計將最為關

鍵，若能直接減少伺服器機櫃溫度，就能減少機房內為了降溫的空調電力使用量。

　　當前的散熱技術主要有「氣冷散熱」、「水冷散熱」、「浸沒式散熱」3種，分述如下：

①氣冷散熱

　　氣冷散熱由「接觸面、散熱導管、散熱鰭片、風扇」4個部分所組成，熱傳導的路徑是在熱接觸面與晶片間塗上導熱膏，讓溫度經由熱導管到散熱鰭片上，之後再經由風扇所產生的對流將熱帶走。

②水冷散熱

　　水冷散熱與氣冷散熱在原理上大致相同，不同之處在於傳導媒介是水冷液。其熱傳導路徑是在熱接觸面與晶片間塗上導熱膏，讓溫度經由水路管線傳導到水冷排上，之後再透過風扇所產生的對流將熱帶走。

③浸沒式散熱

　　浸沒式散熱是目前市場最關注的散熱新技術，將電子元件整個浸

泡在不導電的冷卻液中，讓零組件產生的熱直接透過液體循環來帶走熱。依所使用的冷卻液類型和處理方式不同，可分為「單相浸沒式」散熱系統與「雙相浸沒式」散熱系統 2 種。

單相浸沒式散熱系統通常只使用單一種類的冷卻液，像是水或其他不導電的液體來吸收熱量；而雙相浸沒式散熱系統則利用 2 種不同狀態的冷卻液，通常是水和蒸汽。水吸收熱量並沸騰成蒸汽，蒸汽帶走熱量並冷凝回水，然後再循環使用。

由於 AI 伺服器在高效能運算下，其所需要的功耗與散發的熱能大幅增加，因此也讓散熱零組件的總成本迎來龐大的升級。根據兆豐證券的研究報告指出，一般傳統伺服器與高耗能 AI 伺服器散熱零件總成本差距可達 10 倍～ 15 倍，從風扇、CPU 的散熱模組，再到每個 GPU 需進階散熱模組，如均溫板（VC）或三維均溫板（3D VC），都有明顯的增加。

根據各家財報與券商整理的資料，在台廠幾家主要生產散熱器產品的廠商中，以奇鋐（3017）、雙鴻（3324）與建準（2421）的伺服器營收比重較高（詳見圖 3）。

圖3 奇鋐、雙鴻、建準的伺服器營收比重較高

——散熱器廠商2022年營收比重

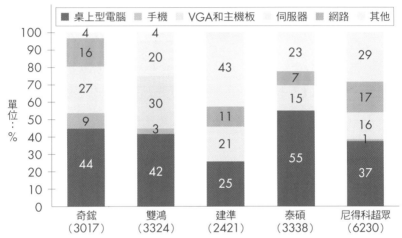

資料來源：兆豐國際證券

類別3》機殼

　　以 GPU 為算力主要核心的 AI 伺服器，因其算力大幅增加，所造成的熱功耗也同時大幅提升，為了強化散熱能力，散熱模組供應商必須改變原有的氣冷設計，透過增加散熱模組的高度及面積來強化散熱效果。

　　目前市面上的伺服器設計主要是 1U、2U 規格（註 1），採用「熱管＋VC」的設計，可對應散熱功耗約為 250 瓦～ 300 瓦。

　　就 AI GPU 來說，熱功耗已經從 NVIDIA A100 的 400 瓦提升至 NVIDIA H100 的 700 瓦，而且目前搭載最新 H100 晶片的伺服器設計都是 4U 以上規格，屆時 2U 散熱效能將無法支援，因此在新的伺服器平台，散熱模組將採用 3D VC 來提升散熱功效。

　　對伺服器機殼廠商而言，由於 AI 伺服器的設計上採用了多顆 GPU 的架構，自然也需要更大的空間，才能把這些零組件安裝進去。

　　另外，值得一提的是，無論是解熱需求推升散熱元件數量，或是功耗需求帶動電源供應器體積，周邊零組件數量與規格的提升，都同步推動 AI 伺服器往高 U 數的方向發展。

註 1：「U」是指伺服器機架尺寸的高度單位（Unit），由美國電子工業聯盟（EIA）所定義。「1U」是 4.445 公分（1.75 英寸），「2U」是 8.89 公分（＝ 4.445 公分 ×2），依此類推。而伺服器的寬則固定為 19 英寸（即 48.26 公分）。標準的 19 吋機櫃，總共提供 42U（約 190 公分高）的空間。安裝在機架上的伺服器，大多屬於 1U、2U 或 4U 規格。

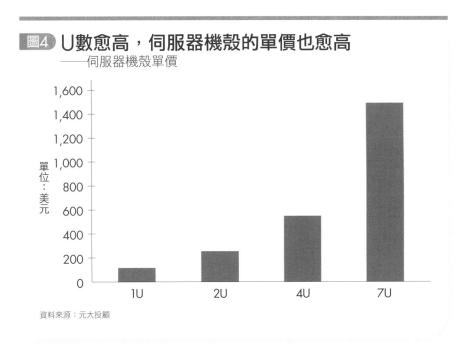

圖4 U數愈高，伺服器機殼的單價也愈高
——伺服器機殼單價

資料來源：元大投顧

　　就以美國伺服器大廠 Supermicro 來說，於 2023 年 3 月春季
GPU 技術大會（GTC）之後，推出了 SYS-821GE-TNHR 型號的
GPU 伺服器，其所採用的 NVIDIA HGX H100 8-GPU 系統板，尺
寸即為 8U。與一般 1U、2U 伺服器相比，高 U 數機殼的設計複雜
度比較高，料號、數量亦都大幅提升，因此將使機殼的銷售單價高
出數倍以上。

根據本土券商龍頭元大證券的預估，不同規格的伺服器，機殼單價從 100 美元～ 1,500 美元不等，U 數愈高，單價也愈高。美系業者主要採用 1U ／ 2U、中系及歐系業者主要採用 2U ／ 4U，但隨著伺服器的尺寸持續增加，未來伺服器機殼將逐漸朝向 2U 以上的方向發展，帶動整體平均銷售單價（ASP）提升（詳見圖 4）。而台灣生產伺服器機殼的相關廠商，有勤誠（8210）、營邦（3693）、迎廣（6117）、晟銘電（3013）與旭品（3325）等，其中以勤誠與營邦兩家公司的營運規模較大，是伺服器機殼生產商中的一線大廠。

延伸學習　從訓練到推論

「訓練（Training）」是指在前期先提供大量的相關資訊，用來幫助建立該 ChatGPT 模型（如 GPT-3）的行為，使模型能在之後的特定應用中運作得更好。訓練的過程非常重要，因為它可以提高模型的準確性和效率，也可以用於建立新的應用，如作文、翻譯、Q&A 系統等。

經過訓練之後的 ChatGPT 模型，能讓電腦辨識圖形或是理解文字的功能大幅提升，在完成訓練後，ChatGPT 模型可以用在「推論（Inference）」上，即對資料進行分類以「猜想」出大致的結果，讓使用者更快速且獲得更正確的答案。

簡而言之，「訓練」就像是我們在駕訓班先學習開車的技巧，並且練習真正上路後可能遭遇的各種狀況（譬如倒車入庫或路邊停車等）；「推論」則是當我們拿到駕照真正上路後，根據在訓練時期學到的技巧與經驗，能夠快速且正確地對路況或車況做出即時反應。

AI核心技術》
7-3
PCB、IC載板、先進封裝

　　我們在 7-2 詳述了人工智慧（AI）基礎設施類的相關商機，接著可以來看看核心技術類的相關商機。AI 應用中不可或缺的核心技術，包括了印刷電路板（PCB）、積體電路（IC）載板和先進封裝，分述如下：

類別1》PCB

　　印刷電路板是組裝電子零組件所使用的基底板材，可說是電子零組件的骨架，讓各式不同零件可以經由電路板上各處的金屬銅箔線路，彼此進行連接與傳遞訊號、電流，故又被稱為「電子產品之母」（詳見圖 1）。

①分類

　　PCB 若依層數來做分類，一般而言，可分為單層板、雙層板、多

層板。會這樣分類主要是因為當電子產品功能愈複雜、迴路距離愈長、接腳多，相應的 PCB 所需的層數也會愈多。而在這之中，常被市場提到的多層板中的高密度連接板（HDI），主要應用於消費性電子，如手機、平板、筆電等。

若是依材料特性不同來分類，PCB 則可分為「硬板」和「軟板」2 種。相較於硬板，軟板具有可彎曲拗折且較為輕薄的優勢，因此在空間相對受限的產品中，經常使用軟板來連結，比如手機中的天線等。

②應用

根據研調機構 Prismark 預估，全球 PCB 產值 2023 年達 780 億美元，在 2020 年～ 2026 年之間，年複合成長率（CAGR）約 5.8%，其中以載板與 HDI 的成長率最高，分別為 9.2% 與 7.5%。而在全球 PCB 市占率中，又以比重高達 32.8% 的台廠奪冠，同時台廠也擁有相當完整的上、中、下游產業供應鏈。

從應用占比來看，由於網通與伺服器對於高階板材的需求量較高，對 PCB 產業貢獻的產值也較大，預估 2023 年分別占整體產

圖1 PCB是組裝電子零組件所使用的基底板材
——晶片製程

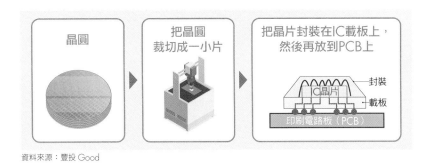

晶圓

把晶圓
裁切成一小片

把晶片封裝在IC載板上，
然後再放到PCB上

IC晶片

封裝

載板

印刷電路板（PCB）

資料來源：豐投 Good

值 32% 與 27%，為 PCB 的主要動能來源。

　PCB 又被稱為工業之母，受惠各國加速 5G 基礎建設（例如基地台）、資料中心的帶動，伺服器成為 PCB 廠明年最看好的應用，加上 2 大中央處理器（CPU）廠英特爾（Intel）與超微（AMD）下一代 PCIe Gen 5 伺服器平台逐漸發酵，市場預期，伺服器在 2024年的成長幅度可望達到 5.2%，將為 PCB 相關產業帶來新的亮點。

　在 AI 伺服器的架構中所使用的 PCB 產品，主要是多層板，其次

為載板及 HDI 板，除了層數往上增加（至少都是 16 層～ 20 層以上的設計），對用量有明顯提升之外，在材料上的設計也有所不同，有助於產品往高附加價值化發展。

根據台灣電路板協會（TPCA）表示，隨著伺服器平台的不斷升級，也推升了伺服器 PCB 的性能，讓 PCB 朝布線更多、更密集，以及更多層數發展，例如：將 PCB 板的層數從 10 層以下增加到 16 層以上。

另一方面，每當平台升級 1 世代，其傳輸速率就需翻升 1 倍，因此在帶動 PCB 板高速傳輸需求的同時，銅箔基板（CCL）的等級也從 Mid-Loss（中損耗），升級至 Low Loss（低損耗）或 Ultra Low Loss（超低損耗）。

隨著 PCB 層數提升，對於製造工藝的要求也會隨之增加，而線寬、線距變密，以及背鑽的需求等亦帶動了 PCB 單價的提升，從 Whitley 平台（英特爾推出的一種高性能處理器平台）到 AI，PCB 平均銷售單價（ASP）提升了 25% 以上。與此同時，CCL 的規格也從 Very Low Loss（極低損耗）到 Ultra Low Loss，平均 ASP 提升了

15% ～ 20%。

由於電子產品的設計日益複雜與精細，PCB 的生產工藝也會隨之調整與進化；而隨著 PCB 密集度的提高，CCL 層數也同樣會有所增加。

CCL 約占 PCB 總成本的 30%，是影響 PCB 成本的主要因素之一。CCL 的性能直接影響 PCB 中信號傳輸的速度和品質，一般以「介電常數（Dk）」和「損耗因子（Df）」作為考察指標。Dk 會影響信號的傳播速度，Df 則主要影響信號傳輸的品質，在需要高頻高速的PCB 設計下，其 CCL 的製作難度會愈高，單價與毛利率同樣也會愈高（詳見圖 2）。

相較於一般伺服器，AI 伺服器多了圖形處理器（GPU），加上對算力要求較高，因此對 PCB、CCL 用量與工藝的要求自然有所提升。

根據兆豐證券研究，AI 伺服器在 ABF 載板的產值貢獻為一般型伺服器的 5 倍～ 7 倍，而 PCB 與 CCL 則為 7 倍～ 9 倍（詳見圖 3）。預估 2026 年 AI 伺服器對 PCB 與 ABF 載板的貢獻金額更將分別達

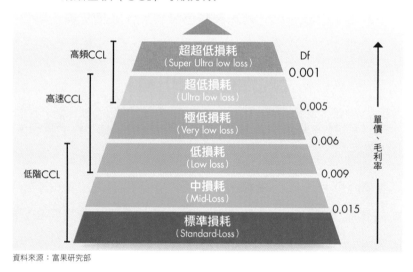

圖2 隨Df值增加，CCL單價和毛利率也愈高
——銅箔基板（CCL）等級分類

高頻CCL

高速CCL

低階CCL

超超低損耗
（Super Ultra low loss）

超低損耗
（Ultra low loss）

極低損耗
（Very low loss）

低損耗
（Low loss）

中損耗
（Mid-Loss）

標準損耗
（Standard-Loss）

Df
0.001

0.005

0.006

0.009

0.015

單價、毛利率

資料來源：富果研究部

到 14 億 5,000 萬美元與 13 億 3,000 萬美元。

　　之所以能有如此成長，主要來自於製造工藝與用量的提升。而 CCL 產值約為 PCB 的 40%～60%，預估 2023 年 CCL 於 AI 伺服器市場貢獻的產值約為 6,400 萬美元，2026 年將達 1 億 1,000 萬美元，CAGR 約為 20%，其成長主要來自於規格與用量的提升。

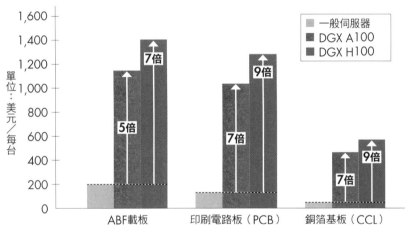

圖3 AI伺服器對PCB貢獻金額為一般型的7～9倍
—— 一般伺服器vs. AI伺服器貢獻金額

單位：美元／每台

圖例：
- 一般伺服器
- DGX A100
- DGX H100

（ABF載板：5倍、7倍；印刷電路板（PCB）：7倍、9倍；銅箔基板（CCL）：7倍、9倍）

ABF載板　印刷電路板（PCB）　銅箔基板（CCL）

註：1.DGX A100 和 DGX H100 為 AI 伺服器；2. 此為 2026 年預估值　　資料來源：兆豐國際證券

類別2》IC載板

　　由於半導體製程技術不斷的進化，也讓 IC 晶片的設計愈來愈複雜，對於晶片的布線密度、傳輸速率及散熱效率等要求提高，使得能夠提供高階晶片如 CPU、GPU 等更好封裝品質的 IC 載板，逐漸取代傳統的導線架。

IC 載板依照其材料特性與應用範圍，一般可分為「BT 載板」與「ABF 載板」2 種：

①BT載板

BT 載板是一種傳統的 IC 載板，由雙馬來醯亞胺製成，主要用於中低端電子產品（詳見表 1）。

②ABF載板

ABF 載板是一種高性能的 IC 載板，由無玻纖成分的樹脂材料製作而成。由於樹脂材料性質優異，使 ABF 載板能夠達到更好的精密度和厚薄度。

也因為 ABF 載板具有精密度高、導電性好、效能出色等特點，非常適合用於製造高端、高腳數、高信號傳輸要求的 IC 晶片，例如 CPU、GPU、晶片組等等。而 ABF 載板的需求也隨著高速運算晶片市場成長而大增，相關應用場景包含伺服器、網路通訊、消費性電子等。

隨著 5G、AI、高效能運算（HPC）等新應用的興起，對 IC 晶片

表1 ABF載板的材料供應商為日本味之素
── BT載板vs. ABF載板

項目	BT載板	ABF載板
原材料	雙馬來醯亞胺（簡稱BMI樹脂）	無玻纖成分的樹脂材料
材料供應商	日本三菱瓦斯、日立化成等	日本味之素
主要應用	低介電常數（Dk）和低損耗因素（Df）等多種優勢,但是較ABF材質的基板更硬,布線較麻煩,且鑽孔難度較高,無法滿足細線路要求	線寬間距小,可用於做線路較細的先進製程,適合做高腳數與高傳輸的IC,但供給相對有限
應用領域	手機微機電系統（MEMS）、通信、記憶體和LED等	中央處理器（CPU）、圖形處理器（GPU）、FPGA（現場可程式化邏輯閘陣列）、特殊應用積體電路晶片（ASIC）等高運算性能IC

的性能和要求愈來愈高,對 ABF 載板的要求也同步提升。所幸 ABF 載板也具有適應性強的特點,因此可以跟隨半導體先進位程的發展,滿足其製造更加細小、精密、高速度的 IC 晶片的需求。

隨著半導體技術不斷的突破和發展,ABF 載板的需求將會進一步增長,成為 IC 載板市場的主要推動力之一。

在 IC 載板的產業結構上,台灣與日本同時具備對 BT 載板與 ABF

載板的製造能力，其中台灣更是居於全球 IC 載板主要供應商地位。若以 ABF 載板來看，欣興（3037）市占約 24%，為全球第 1；南電（8046）市占約 20%，位居第 2；還有另外一家台廠景碩（3189）市占則約 5% 左右，3 家台廠加起來，就有近 50% 的市占率（詳見圖 4）。

由於 HPC 及 AI 晶片市場規模快速增長，帶來 ABF 載板需求的提升，除此之外，HPC 或 AI 晶片用 ABF 載板，相較於傳統 PC 用 ABF 載板，具有更多的層數、具有更大的面積。

根據研究，現階段 ABF 載板高端產品層數已落在 14 ～ 20 層，對應面積約為 70mm×70mm，部分產品可能還會採用 100mm×100mm 的設計，因此高端 ABF 載板對於 ABF 材料的需求量也會大幅提升，例如 HPC 使用 ABF 載板的材料用量即為 PC 使用 ABF 載板材料用量的 10 倍。

由於受惠雲端、AI、5G 的網路布建、小晶片（Chiplet）設計，以及在先進封裝技術發展的長期趨勢下，ABF 載板的需求在未來將持續成長。估計 2019 年～ 2023 年，全球 ABF 載板平均月需求

圖4 全球ABF載板，台廠市占率近50%
——ABF載板市占率

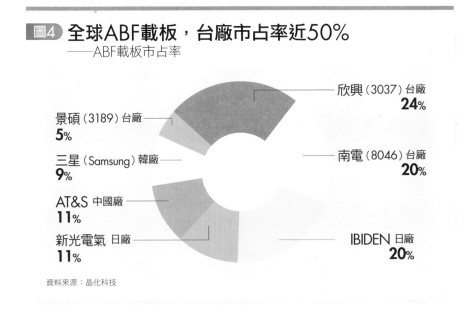

欣興（3037）台廠
24%

景碩（3189）台廠
5%

三星（Samsung）韓廠
9%

AT&S 中國廠
11%

新光電氣 日廠
11%

南電（8046）台廠
20%

IBIDEN 日廠
20%

資料來源：晶化科技

量將從 1 億 8,500 萬顆成長至 3 億 4,500 萬顆，年複合成長率達 16.9%。

　　就產品終端應用類別來看，預期 2023 年 PC（包含桌上型電腦、筆記型電腦）所消耗的 ABF 載板將會占總體約 47%、伺服器與交換器大約會占 25%、AI 晶片大約占 10%、5G 基地台則大約占 7%（詳見圖 5）。

　　而之後隨著輝達（NVIDIA）、超微與英特爾等新伺服器處理器晶片所使用的 ABF 載板面積、層數持續增加，預期伺服器的占比也將於 2024 年增加至 25%。

類別3》先進封裝

　　封裝就是指將裸晶、模組或其他電子元件組合在一起，形成一個完整的系統。傳統 IC 封裝是使用導線架，作為 IC 導通線路與支撐 IC 的載具，接腳則位於導線架的兩邊或是四周。然而由於 IC 周邊空間有限，當腳數超過 300 個腳位時，就會因接點間距（Pitch）過小導致良率受限。因此，在考量到傳統的打線封裝方式會受到限制的情況下，勢必要發展新的封裝方式，才能跟上半導體晶片的演進與發展。

　　早在 10 幾年前，台積電（2330）就大舉投入先進封裝技術研發，並在 6 年內先後開發出晶圓級晶片堆疊封裝（CoWoS）、集成扇出型晶圓級封裝（InFO）等先進封裝技術（詳見圖 6）。後來 InFO 技術更是成為了台積電成功爭取蘋果（Apple）手機晶片訂單的關鍵，通吃 iPhone 7 之後的所有蘋果手機訂單。

圖5 **2023年ABF載板約有一半用在PC**
——2023年ABF載板應用占比推估

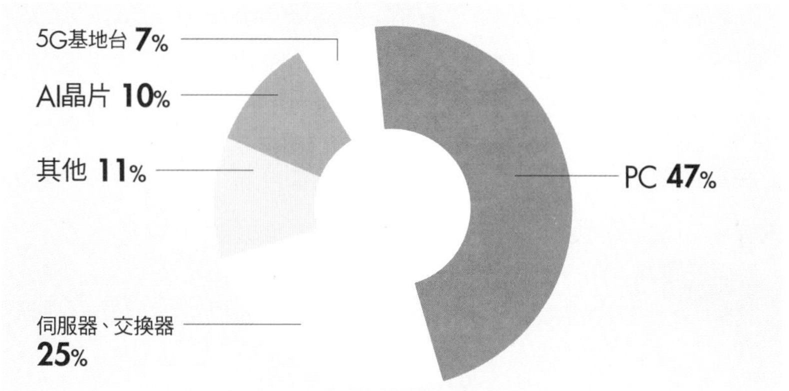

5G基地台 **7**%
AI晶片 **10**%
其他 **11**%
伺服器、交換器
25%
PC **47**%

註：圖中 PC 包含桌上型電腦和筆記型電腦　　資料來源：拓墣產業研究院、工商時報

①CoWoS

隨著 ChatGPT 在 2023 年開始爆發性成長，輝達的 GPU 晶片成為市場上各家科技大廠要跨入 AI 領域不可或缺的工具。又因為 AI 晶片需要大量的運算，為了減少晶片的空間，同時減少功耗與成本，由台積電所主導的 CoWoS 先進封裝技術就成為了市場顯學。

新一代的 GPU 晶片採用 CoWoS 封裝，讓台積電通吃輝達的

GPU 訂單。而繼輝達採用後，AMD 在其最新一代的 AI 伺服器也導入 CoWoS 技術，再度使該技術成為市場焦點。

台積電的 CoWoS 技術，概念就是以水平堆疊的方式，將半導體晶片放在中介層之上或透過矽橋連接晶片，最後再透過封裝製程連接到底層的基板上，讓多顆晶片可以封裝一起，達到封裝體積小、功耗低、引腳少的效果，本質上仍然是水平封裝，只是讓晶片間的距離更加靠近。

在 2021 年，全球半導體龍頭台積電公布了全新「CoWoS」第 5 代封裝技術發展藍圖，為其下一代小晶片架構以及 HBM 記憶體提出解決方案。而隨著半導體先進製程往 3 奈米以下，或更先進技術推進的同時，小晶片的先進封裝技術就成為這當中不可或缺的解決方案。

②小晶片

前面我們有提到關於系統單晶片（SoC）的良率與成本問題，而解決的方法就是運用小晶片。基於「多晶片模組」的原理，將原本設計在同一個 SoC 中不同功能的晶片，拆解成不同的小晶片，製造

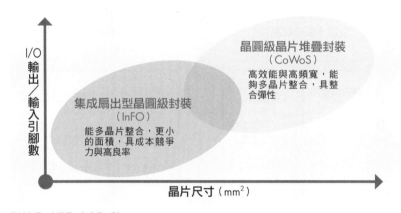

圖6 **台積電先後開發CoWoS、InFO等先進封裝技術**
──CoWoS vs. InFO

資料來源：台積電、DIGITIMES

後再組裝。而這些被拆分的晶片就稱為小晶片，也就是將原有晶片分別做成較小的裸晶（Die），再以每個功能適合的製程來製造（此做法可以明顯降低晶片的製造成本，不需要讓全部的晶片都使用昂貴的先進製程技術），最後聚集起來，封裝成同一個晶片組，可以大幅減少開發成本與開發時間，並提高產品良率（詳見圖7）。

台積電運用小晶片整合技術，讓2.5D異質封裝（在小空間內整

圖7 小晶片的類比IC、射頻IC和記憶體都優於SoC
——SoC（系統單晶片）vs. Chiplet（小晶片）

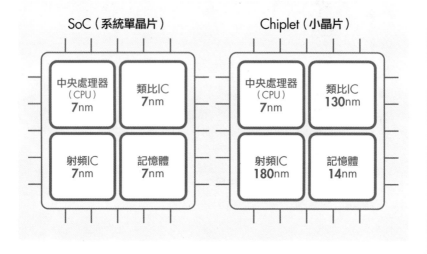

合不同元件，可以提升系統效能、功耗表現與成本效益）更能提升
晶片效能。換句話說，小晶片的異質晶片設計可以說是當前半導體
市場的新顯學。

7-4 **AI新興技術》** 矽光子、CPO

　　隨著人工智慧（AI）、通訊、自駕車等領域對高速運算需求的增加，讓全球資料中心的算力與功耗急劇增加，加上 AI 需求熱潮的倍數成長，使得相關廠商迫切需要創新解決方案以加速數據傳輸，並且最佳化能源效率。

　　至於是什麼樣的創新解決方案？我們在 2023 年 3 月於美國聖地牙哥舉辦的光纖通訊博覽會（OFC）上可以看到，「矽光子」與「共同封裝光學元件（CPO）」這兩項 AI 應用中的新興技術占有關鍵地位，未來將成為帶動超大規模資料中心效率大幅成長的主流元件與技術，並主導今後高速交換器以及其他光通訊產品的發展。

類別1》矽光子

　　先來看矽光子。在摩爾定律的前提下，目前積體電路（IC）的技

術發展已經面臨物理極限的問題，將來該如何突破？答案是由電走向光。

為了面對未來 AI 時代資訊量愈來愈龐大的課題，必須要由電訊號轉向光訊號，才能有效地將驚人的大量資料傳輸效率顯著提升。而能將電轉換成傳輸速度更快的光的「矽光子」，就是國內外許多科技大廠積極布局的先進技術。

矽光子是一種利用矽材料來製造光學元件和系統的技術。以前，積體電路是把超多的電晶體塞進一小塊晶片上，用來進行很多複雜的計算工作。但現在，矽光子技術帶來了一種新方法，它結合了電子和光子技術，把光的傳輸方式簡化到一個小小的晶片上。

簡單來說，矽光子就是在矽的平台上，將原本晶片中的「電訊號」轉成「光訊號」，進行電與光訊號的傳導。當電子結合光子，不只能解決原本訊號傳輸過程中所造成的耗損問題，甚至被視為開啟摩爾定律的新篇章，成為改變未來世界的一項關鍵通訊技術。

由於目前 100G（註 1）、400G 交換器的各種以太網路埠，主

要是使用銅線傳輸，雖然銅線具備低成本與速度優勢，但隨著 AI 時代來臨，傳輸數據預計將會大幅增加，未來幾年也將開始進入高傳輸速率 800G（甚至是 1.6T）以上的時代。銅線傳輸將出現頻寬不足、信號衰減、高能耗與高成本的劣勢，因此「銅退光進」將成為未來資訊高速傳輸的新趨勢。

從目前資料中心（Data Center）網絡架構來看，如果仍是使用舊的 100G 方案，要滿足相同規模數據中心的無阻塞網絡吞吐，就必需要添加更多的連接端口，並且需要更多的機架空間以用於安裝伺服器和交換機，而這樣一來，將會導致網絡架構的複雜性呈幾何級提升。

因此，從 100G 升級到 400G 的過程中，我們可以發現，升級不僅可以減少網絡架構設計的複雜性，從另一方面來看，當接口速率從原本的 100G 增長 4 倍成為 400G 時，一個 400G 的網絡設備包含光收發模組的成本，通常只有 4 個 100G 的設備與接口成本的 50% 左右，所以還有降低成本的優勢。

註 1：G 指 Gigabit，為衡量交換器數據傳輸速率的單位。1,000G 是 1T。

　　另外，由於矽光子能藉由互補式金屬氧化物半導體（CMOS）製程，把原本眾多的光學元件整合在一起，自然也成為資料中心光學元件減量的利器。

　　根據日月光集團研發中心副總洪志斌表示，隨著矽光子技術的推出，資料中心的光學元件數量至少減少了 30% 左右，整體傳輸的效率也會因此而大增。

類別2》CPO

　　除了矽光子受到市場矚目之外，隨著生成式 AI 的應用愈來愈廣泛，並開始進入商用化，資料傳輸需求快速上升，使得 CPO 的技術也開始被市場關注。

　　前文有提到，未來「銅退光進」將成為新的產業趨勢，這也讓各大國際網通晶片大廠，例如博通（Broadcom）、思科（Cisco）、輝達（NVIDIA）等，都已開始積極布局卡位 CPO 技術。

　　CPO 技術可將矽光子晶片、交換器晶片、RF 晶片等裝配在同一

個元件內，形成共同封裝。如此一來，就可大幅縮短交換晶片與光模組間距，減少訊號傳輸的路徑長度。

此外，使用 CPO 技術還有以下 3 大優點：

①使網路交換器的晶片功耗降低 30%。
②每 1 位元資料流量單價節省 40%。
③機架密度提升 50%。

根據研究機構 Yole Intelligence 預估，以太網路的市場將會從 2020 年的 44 億美元，成長到 2032 年的 223 億美元，其中 CPO 的市場規模也會從 2020 年的 600 萬美元左右，大幅成長至 2032 年的 22 億美元（詳見圖 1）。其成長動力主要是因為相較於可插拔光學元件，CPO 方案可大幅節省能耗超過 30%，亦能降低資本支出（以每 Gbps 美元計）。

CPO 被視為是未來因應高速傳輸需求的嶄新模式，目前各大業者都已紛紛加快布局腳步。像是博通 2022 年 8 月就推出 Tomahawk 4 25.6TB CPO 交換器 Humboldt，功耗、成本皆較以往傳統交換

器節省了 50%；到了 2023 年 3 月，又再進一步發表 Tomahawk 5 51.2TB CPO 交換器 Bailly。

對此，法人也看好未來在 AI、自駕車、AI 機器人學習等趨勢發展下，CPO 技術將迎來高速成長期，提前布局者的先進優勢將會更加顯著。

①CPO封裝技術：

市場傳出，台積電（2330）積極搶進巨量資料傳輸需求的商機，也讓矽光子及 CPO 成為業界新顯學。目前台積電已經攜手博通、輝達等大客戶共同開發 CPO，預計最快 2024 年下半年將開始迎來量產商機。

台積電甚至投入逾 200 人組成先遣研發部隊，瞄準 2024 年起陸續來臨，以矽光子為製程基礎的超高速運算晶片商機。而除了台積電以外，台灣還有多家公司也已陸續開始投入矽光子與 CPO 技術的研發。

根據工研院電子與光電系統研究所組長方彥翔表示，矽光子技術

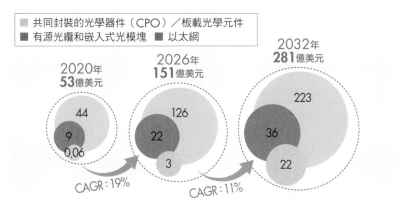

圖1 **2032年，CPO的市場規模有望成長至22億美元**
——資料通訊應用光學元件成長趨勢

註：圖中數據之單位為億美元　　資料來源：Yole Intelligence

其實已經發展一段時間了，但和 AI 一樣，之前實際應用面並不多，所以一般大眾聽了之後會比較無感。直到 2022 年年底，ChatGPT 推出後，引爆全球一波 AI 商機，才開始引起大眾的廣泛關注。隨著 ChatGPT 面臨高速運算問題，等到矽光子技術解決這些狀況後，民眾就會更有感，了解到這項技術原來這麼重要。

在台廠各家科技公司的進度中，除了台積電以外，如封裝測試龍

頭大廠日月光投控（3711）及其旗下的矽品也已經投入矽光子、CPO 封裝技術研發多年（詳見圖 2）。其中，日月光投控已經透過「VIPack 先進封裝」平台（註 2）卡位市場，雖然目前訂單量占整體營收比重還相當低，但業界仍然樂觀預期，2024 年下半年相關業務量可望開始逐漸攀升，到了 2025 年接單動能則會明顯升溫，逐步成為日月光投控成長的新動能。

至於其他中小型封測廠，例如：台星科（3265）、矽格（6257），以及訊芯-KY（6451）等等，也都正積極規畫跨入矽光子與 CPO 市場。

隨著 AI、高速運算崛起，矽格攜手台星科大啖矽光子封裝商機。而訊芯-KY 目前在矽光子、CPO 市場則處於開發接近成熟階段，目前樣品已交付客戶做進一步驗證，預期等到 2025 年，接單動能有機會大幅成長。

註 2：VIPack 平台代表日月光下一代 3D 異質整合架構，擴展設計規則，實現超高密度和性能。該平台主要是利用先進的重佈線層（RDL）工藝，嵌入式整合以及 2.5D／3D 封裝技術，協助客戶在單個封裝內集成多個晶片時實現的創新應用技術。

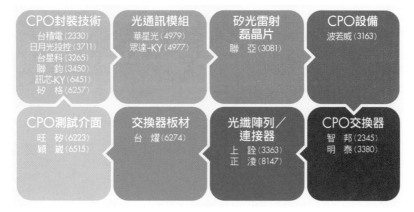

圖2 高速傳輸升級讓多家台廠受惠
—— 受惠高速傳輸升級的CPO概念股

CPO封裝技術	光通訊模組	矽光雷射磊晶片	CPO設備
台積電(2330) 日月光投控(3711) 台星科(3265) 聯鈞(3450) 訊芯-KY(6451) 矽格(6257)	華星光(4979) 眾達-KY(4977)	聯亞(3081)	波若威(3163)

CPO測試介面	交換器板材	光纖陣列／連接器	CPO交換器
旺矽(6223) 穎崴(6515)	台燿(6274)	上詮(3363) 正淩(8147)	智邦(2345) 明泰(3380)

資料來源：博通（Broadcom）、COBO、富邦投顧

②光通訊模組：

　　台廠光通訊模組則是以華星光（4979）與眾達-KY（4977）兩家公司為指標。華星光由於有切入美國晶片大廠邁威爾（Marvell）供應鏈，再加上部分客戶營收改為代工帶料（註3），使2023年

註3：代工帶料是指委託方將所需生產的產品的所有原料、零件、配件等都交給代工廠，由代工廠負責生產、包裝、運輸等所有環節，委託方只需提供生產需求、設計圖紙等資料。

上半年的營收出現跳躍式成長，也因此成為 2023 年上半年的 AI 飆股之一。

③CPO測試介面：

另外，測試介面在矽光子、CPO 領域亦相當重要。根據供應鏈指出，旺矽（6223）、穎崴（6515）已接獲訂單，其中旺矽已經進入量產出貨階段，雖然產量仍不高，但後續爆發動能強勁；穎崴則以晶圓級 CPO 測試系統方案切入市場，未來客戶端有機會在 2024 年提升拉貨動能。

聚焦電子股潛力族群
——成長型產業

7-2 ～ 7-4 介紹了人工智慧（AI）相關的商機，接下來則會向大家介紹其他具有發展潛力的成長型電子產業，像是網通相關設備、Wi-Fi 7、低軌道衛星等等。

類別1》網通相關設備

在這個網路資訊爆炸，且幾乎人手一機的時代，網路上每天傳輸的資訊量可說是以迅雷不及掩耳的速度在高速成長，從 3 分鐘～ 5 分鐘的短影片，到通勤過程中打發時間的小遊戲，再到追看熱門影集、電影等等，都讓網路上資訊的流通量呈現持續且不可逆的高速成長。

根據學者估計，現代一份報紙上的資訊，就超過 17 世紀人們一生所需要的資訊量。然而現在大部分人們在網路上獲得的資訊，卻

又遠遠超過閱讀平面報紙所能獲得的，可見現代人每天所接觸到的資訊量有多麼龐大。

依據國際數據資訊（IDC）的預估，2022 年，全球資訊傳輸量約 103.66 ZB（註 1）；到了 2027 年，全球資訊傳輸量更將高達 284.3 ZB（詳見圖 1）。資訊傳輸量持續且不可逆的增加，這樣的趨勢也帶動了網通相關設備升級與擴充的商機。

打個比方來說，忠孝東路是台北的主要交通幹道之一，在原本車道不變的情況下，只要車輛（資訊量）愈來愈多，肯定就會發生交通打結的情形。這時候若要解決車流壅塞的問題，只有 2 個方法：

①拓寬道路（將原本舊的頻寬、較窄的網通設備汰舊換新或是加以升級）。

②新增其他替代道路，譬如仁愛路、信義路等，以紓解車流量（增加更多網通設備以紓解網路資訊流量大增的狀況）。

註 1：ZB 為衡量資料的單位，1ZB ＝ 1 兆 GB。

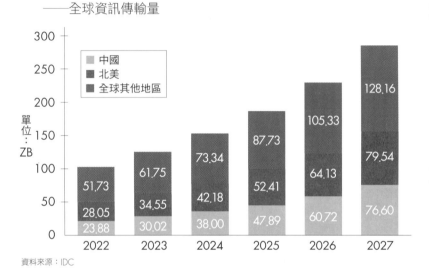

圖1 **2027年,全球資訊傳輸量將高達284ZB**
——全球資訊傳輸量

資料來源：IDC

網通設備除了原本固定的汰舊換新與升級需求之外,網路通訊現在也是很多國家重要的基礎建設項目之一。

2023 年 6 月,美國總統拜登(Joe Biden)就宣布,白宮將要加速全美寬頻網路建設,預計從基礎建設法案中提撥逾 420 億美元(約合新台幣 1 兆 3,000 億元),用以打造全美高速網路,目

標是在 2030 年前，讓所有美國家庭都能享受快速上網。白宮官員甚至聲稱，「全美寬頻網路建設計畫」將堪比 1930 年代羅斯福（Franklin Roosevelt）總統把電力帶到美國鄉村地區的做法。

根據 CNBC 網站報導，上述逾 420 億美元的資金已經由美國國會透過《基礎設施投資和就業法案》（IIJA）提撥，並由美國商務部監督，預定未來 2 年內將透過寬頻公平、使用與部署計畫分配。各州將獲得至少 1 億 700 萬美元，其中 19 個州甚至將獲得超過 10 億美元。

而且有鑑於中國與美國之間的政治矛盾依然未解，預期美國這些網路設備的採購案將會把中國或具有中資色彩的廠商（例如華為）排除在外。所以在美國利多政策的加持之下，將會為台灣相關網通設備公司帶來新一波的商機。

不過，美國中西部地區地廣人稀，是網路用戶落點較為鬆散的鄉村，要使用什麼樣的網路設備建置，才能達到「既可以高速上網，又可以節省成本」的要求呢？在相關網路商機中，「固定無線存取（FWA）技術」已成為市場關注的焦點之一。

圖2 5G FWA能以無線方式完成高速上網的連接
——市場上家用寬頻接取技術

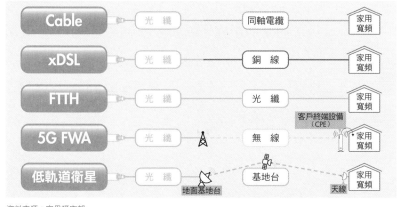

資料來源：富果研究部

　　相較於光纖布建須挖掘溝槽、埋設管線，再至大樓、家戶進行安裝，不僅建設時程長，過程中需要持續投入人力，且二次施工難度亦高；FWA 技術則能以無線的方式完成高速上網的最後一哩路程，除了部署所需時間更短，人力、設備成本也更低（詳見圖 2）。

　　目前 FWA 技術已經從 4G（第 4 代行動通訊）升級至 5G（第 5 代行動通訊），讓整體性能與效率都大幅躍進，足以滿足大多數情

況下民眾對網速的需求，同時在成本和部署時間上，都比全部使用光纖大幅下降，成為寬頻服務的新選項。

5G FWA 除了能夠幫助偏遠地區取得 5G 高速網路服務之外，也有機會在家用／商用領域成為性價比更高的選項之一。由於 5G FWA 在布建或維護成本上，比光纖到戶更具優勢，因此，各國政府也加碼投入布建 5G FWA。

此外，隨著 5G 技術的進步，5G FWA 將可藉「網路切片（Network Slicing）」和「載波聚合（Carrier Aggregation）」技術提供穩定頻網速，甚至可以透過毫米波頻段實現 Gbps 等級的使用者體驗。

根據市場研究機構 Dell'Oro Group 2022 年的統計，全球網通設備營收約 1,000 億美元，而台灣網通廠商的市占率約 18%。據統計，相關台廠中，2022 年營收超過百億元的公司有智邦（2345）、中磊（5388）、智易（3596）、啟碁（6285）、明泰（3380）、合勤控（3704）、正文（4906）、友訊（2332）、神準（3558）、仲琦（2419）與海華（3694）等。

在這麼多網通公司中，該怎麼選擇比較好？這邊提出 2 個建議方案給大家做參考：

①挑選歐美（特別是美國）出貨比率高的

在前文中有提到，美國為了加速全美寬頻網路建設，預計從基礎建設法案中提撥逾 420 億美元，用以打造全美高速網路，目標是在 2030 年前，讓所有的美國家庭都能享受高速上網。由於這是來自政府經費支持的基礎建設，因此比較不會受到產業景氣循環的影響。而在台廠中，像是仲琦、中磊、智邦、啟碁等，都是美國出貨比率較高的幾家網通公司（詳見表 1）。

②挑選合約負債（在手訂單）高的公司

合約負債依照會計學的定義，是指「依合約約定，已收取或已可自客戶收取對價而須轉移商品或勞務予客戶之義務」。看到這一串又長又拗口的解釋，相信已經讓很多非財會專業的投資人頭上浮出 3 條線。讓我來幫大家用白話文說明：

假設有一位農夫，預先收了水果貿易商一筆訂金，那麼之後在契約所約定的期間內，農夫就必須要依約定交付收成的產品（譬如西

表1 網通公司中,仲琦美國營收占比高達66%

—— 各網通公司美國營收占比

股票代號	股票名稱	美國營收占比(%)
2419	仲 琦	66
5388	中 磊	65
2345	智 邦	64
6285	啟 碁	63
3380	明 泰	57
4906	正 文	55
3596	智 易	39
3704	合勤控	28

資料來源:各家公司財報

瓜)給這位水果貿易商。而上述過程對於農夫來說,就是所謂的「合約負債」。

為什麼農夫和水果貿易商會要這樣做呢?因為對農夫來說,水果貿易商預付的訂金,可以讓他提前就先收到一筆錢,用來買種子、肥料與農藥等,讓財務應用上更具彈性。而對水果貿易商來說,先付一筆訂金,也就可以預先綁定這批農產品,並優先取得供貨權。特別是在遇到行情熱絡的時候,誰能夠搶先拿到足夠的貨源,誰就

表2 中磊2023年第2季的合約負債年增率約558%
——合約負債年增率高的網通設備股

股票代號	股票名稱	合約負債（百萬元）			合約負債（%）	
		2023.Q2	2023.Q1	2022.Q2	季增率	年增率
5388	中磊	863.00	494.89	131.04	74.38	558.58
4906	正文	395.80	301.89	301.09	31.11	31.46
6285	啟碁	1,258.16	945.82	1,026.92	33.02	22.52
2345	智邦	964.64	928.12	831.18	3.93	16.06

資料來源：各家公司財報

有更多賺錢的機會。因此，「合約負債」對雙方來說，是件對彼此都有利的事情。

所以簡單來說，當我們看到某個產業在未來一段時間有發展性的同時，就可以檢視產業中的哪些公司在資產負債表上擁有較多的合約負債，這代表公司的客戶已經「預先」下了不少訂單，之後將會陸續開始出貨，並開始貢獻相對應的營收。也就是說，我們可以用「合約負債」的高低來挑選，看看哪一家才是未來營收有發展潛力的網通設備股（詳見表2）。

類別2》Wi-Fi 7

2019 年年底，新冠肺炎（COVID-19）疫情在中國爆發，之後便迅速蔓延至全球。在疫情衝擊下，在家上課與上班，在短時間內成為當時一種不得不的生活方式，也間接催生了無線上網技術的快速發展。

原本的 4G 行動通訊系統所使用的頻段，大致在 700MHz ～ 2GHz（註 2）左右，不過隨著多媒體時代對寬頻的需求大幅增加，像是員工集體線上會議、老師一對多即時視訊教學、AR（擴增實境）、VR（虛擬實境）、元宇宙等項目，都讓 4G 出現不敷使用的狀況。

但因為其他頻段已經被商用頻段及私人無線電訊號占滿，使得 4G 無法繼續擴充頻段，只能發展更高頻段的行動通訊，所以 5G 行動通訊的發展就成為近 2 年的顯學。目前各大電信公司都在推行

註 2：MHz 和 GHz 都是頻率的單位，分別代表兆赫和吉赫。1GHz 等於 1,000MHz。

客戶從 4G 升級到 5G 的方案，而各家手機大廠推出的新手機，現在也都幾乎可以支援 5G 頻段。

同樣是無線上網，4G、5G 與 Wi-Fi 技術可説是相輔相成，能在不同的情境下提供我們快速且方便的上網體驗。過去 20 年來，Wi-Fi 的傳輸速率提高了約 900 倍（從 802.11b 的 11Mbps，到 W-Fi 6 上限 10Gbps），目前 Wi-Fi 6E 和 Wi-Fi 7 等新的 Wi-Fi 標準也正在如火如荼地部署中。

Wi-Fi 7 又被稱為「極高傳輸量（EHT）」技術，可支援的最大頻寬達 320 MHz，大約是目前 Wi-Fi 6／Wi-Fi 6E 的 1 倍；理論上最高傳輸速率每秒高達 46 Gbit，較 Wi-Fi 6／Wi-Fi 6E 高出 5 倍，並且大幅超越 5G 的傳輸速率。

除了加寬頻寬和提高資料密度之外，另一個 Wi-Fi 7 提高總資料傳輸量的方式，就是增加支援的天線數了。

如果大家有去類似台北光華商場這類的 3C 電子賣場逛過的話，可以發現，目前市面上的高階路由器，其天線數愈來愈多，甚至有

些達到了 8 個。而最新的 Wi-Fi 7 規格更是可以支援到 16 根天線同時運作，除了有更高的頻寬外，也能讓路由器同時與更多裝置進行連結，而不需要再排隊等待輪流傳輸資料了。

作為 Wi-Fi 6 的下一代無線網絡標準，Wi-Fi 7 建基於 IEEE 802.11be 標準，最終標準預計於 2024 年上半年有望正式發布，接下來就可以加速放量，有機會快速成為新產品的主流技術規格，而業者們也普遍看好 2024 年 Wi-Fi 7 的出貨效益會逐漸發酵。

專家們同樣樂觀預期，Wi-Fi 7 的市場成熟度有望比原先預期的更早，也有機會比過去每一個 Wi-Fi 世代的更新週期來得更快。而且由於這次 Wi-Fi 7 規格升級的幅度比過去幾代都還要大，因此亦可望帶動未來 AI、物聯網（IoT）裝置、AR、VR 等新應用發展更向前推進。

值得我們關注的是，儘管 Wi-Fi 7 的最終標準尚在擬定當中，但相關商機已在 2023 年開始啟動。例如有不少業者，早在 2023 年年初的美國消費性電子展（CES）中，就展示出搭載 Wi-Fi 7 技術的產品。而全球市占率最大的網通消費品牌 TP-Link，也在 2023 年

表3 Wi-Fi 7興起，台廠紛紛積極布局
——Wi-Fi 7台廠供應鏈商機

晶片	聯發科（2454）、瑞　昱（2379）
網通	友　訊（2332）、華　碩（2357）、啟　碁（6285）、中　磊（5388）、明　泰（3380）、智　易（3596）、合勤控（3704）、神　準（3558）
筆電	宏　碁（2353）、華　碩（2357）

資料來源：經濟日報

8月搶先上市發表Wi-Fi 7路由器。

　　為了迎接新一代無線網路技術的來臨，各大晶片廠、網通設備、手機、電腦品牌等無不積極布局，而台廠方面，像是聯發科（2454）、友訊、華碩（2357）、啟碁、中磊、明泰、智易、合勤控、神準等也都積極參與，希望能在之後Wi-Fi 7商機中占有一席之地（詳見表3）。

類別3》低軌道衛星

　　在全球衛星市場中，目前以「低軌道衛星（LEO，又稱「低軌衛

星」）」最具發展優勢。相較於「中軌道衛星（MEO）」與「高軌
道衛星（HEO）」，低軌道衛星的軌道距離地面較近，具備低延遲、
低成本與低輻射的特性，且低軌道衛星不須架設基地台，便可在荒
涼、偏遠的地區接收訊號，訊號基本上不受山區、海上、沙漠等地
形限制，故可與移動通訊 5G 互補，彌補 5G 與地面行動通訊未能
覆蓋的範圍（詳見表 4）。

特別是自從 2022 年烏俄戰爭開打之後，SpaceX 創始人馬斯克
（Elon Musk）旗下的低軌道衛星成為無人機是否能成功出擊的關
鍵。而在國防安全與商業價值的雙重考量下，也有更多國家與私人
營運商相繼投入研究與發射衛星。

像是由美國科技大廠亞馬遜（Amazon）所主導的 Kuiper 網路
計畫，在 2023 年 10 月 6 日將 2 顆原型衛星發射到太空，這是
Amazon 布局全球網路服務的重要里程碑，未來將和馬斯克的星鏈
計畫（Starlink）一較高下。

星鏈計畫是 SpaceX 的一項計畫，旨在部署一個由大約 1 萬 2,000
顆低軌道衛星所組成的網路，以提供全球範圍的高速互聯網服務。

表4 低軌道衛星建置成本最低
——高、中、低軌道衛星比較

項目	高軌道衛星（GEO）	中軌道衛星（MEO）	低軌道衛星（LEO）
部屬衛星數量	最少	中等	最多
訊號傳輸耗能	最高	中等	最低
訊號傳輸延遲性	500毫秒	150毫秒	25毫秒～35毫秒
使用壽命	超過12年	10年～15年	6年～8年
建置成本	最高	中等	最低
應用範圍	國防軍事、廣播電視	GPS導航	5G、6G

資料來源：MoneyDJ 理財網

至於亞馬遜的 Kuiper 計畫，則是預計在近地軌道上布置 3,326 顆低軌道衛星，主要目是希望未來能夠提供其所在地區的寬頻網路服務，即使是位處偏遠或荒涼的地區，同樣有機會可以享受上網的便利性。

根據國際研調機構的調查，低軌道衛星的寬頻網路市場規模，預估在未來的 10 年內，將有機會高達上百億美元。而為了符合美國聯邦通信委員會（FCC）的發照要求，亞馬遜接下來必須在 2026 年以前，把計畫中一半數量的衛星都部署到太空當中。

除了美國科技大廠積極布局低軌道衛星之外，西班牙、泰國等國家也分別在火箭、衛星方面有所進展，凸顯全球太空競賽加速。台灣方面也不遑多讓。

台灣第 1 顆自製氣象衛星「獵風者號」，在 2023 年 10 月 9 日順利升空並進入軌道。國科會表示，獵風者已於當天晚上 8 點 56 分「報平安」，成功與台灣地面站通聯。預計開始正式運行後，一天可提供高達 7 萬筆氣象的相關資訊。

獵風者號搭載著結合台灣產學界所研發的酬載（指衛星攜帶的物體）「全球導航衛星系統反射訊號接收儀」（GNSS-R），在順利進入 550 公里～ 650 公里的低地球軌道後，未來每日將可回傳大量的氣象數據，讓科學家可以更精準的預測颱風路徑、強降雨等自然災害，並預先防患於未然。

獵風者號衛星包含酬載，共有約 82% 的部分是由台灣研發製造，如果再加上地面設備，就有超過 20 家台灣的研發單位及廠商參與。人稱「火箭阿伯」的太空中心主任吳宗信表示，當獵風者號成功升空後，就意味著台灣自主研發的關鍵元件「真的飛過了」，將可以

取得太空飛行履歷，協助台灣廠商打入國際航太供應鏈。

低軌道衛星除了可以運用在寬頻網路、氣象預測以外，也可以運用在部分手機通話功能上。像是蘋果（Apple）手機便已經開始支援衛星通訊的功能——在 iPhone 14、iPhone 14 Pro、iPhone 15或 iPhone 15 Pro 上，當用戶不在行動網路和 Wi-Fi 覆蓋範圍時，便可以使用「透過衛星傳送的 SOS 緊急服務」，傳送訊息給緊急服務單位。

此外，市場傳出谷歌（Google）最新的 Android 14 系統將會支援衛星通訊功能，且該功能並非 Google Pixel 手機獨享，只要手機硬體可以支援，任一款安卓（Android）手機都能在收訊不佳時利用衛星發送訊息，不過初期可能只有在 Google 和三星（Samsung）的手機上才有此一衛星通訊的功能。

至於捲土重來的華為，則在 2023 年 8 月底時，無預警在中國開賣了尚未舉辦過發表會亮相的新智慧機款 Mate 60 Pro，此款新機集合了諸多亮點。除了處理器與是否為 5G 手機還是謎之外，已知Mate 60 Pro 支援了雙向衛星語音通話功能，成為首款支援衛星通

話的一般消費性智慧手機。

　　其實衛星通訊並不是一項全新的技術，我們在很多諜匪動作片，例如由阿湯哥（湯姆‧克魯斯（Tom Cruise））主演的《不可能的任務》系列電影中，都可以看到用衛星電話進行通訊的畫面，但在早期，由於衛星通話成本非常昂貴，因此只限於特殊情況下才會使用衛星電話。不過隨著技術不斷進步，加上發射衛星的成本大幅降低（譬如 SpaceX 的發射火箭可以回收再利用），都讓愈來愈多的行動通訊商或是手機製造商開始加入衛星通訊的功能。

　　而另一方面，國立臺灣大學資訊網路與多媒體研究所所長施吉昇則明確表示，未來所謂的自駕車或是車聯網要能夠真正順利運行，達到「車車要能相連，且相連成網」的狀態，不僅需要「雙向即時（Two way Real-time）」，還必須要有「廣域（Wide-Area）」的通訊技術。

　　目前可以使用的技術包括 C-V2X、5G，再加上 DDS 的通訊協議，這些技術都將有機會實現車聯網的想法。因此低軌道衛星也是一項重要技術，其基礎建設相較於 5G 或 6G 更容易被運用，可提供支

表5 台灣有多家廠商投入衛星產業鏈
——低軌道衛星受惠股

產業鏈位置	細項	相關個股（股號）
衛星製造與發射	包括衛星地面接收站、衛星通訊終端設備等	台　揚（2314） 金　寶（2312） 昇達科（3491）
衛星營運	包括衛星晶片、射頻（RF）元件等	同欣電（6271） 公　準（3178） 穩　懋（3105）
衛星應用	包括衛星被動元件、光學元件、印刷電路板（PCB）、錫膏等	群　電（6412） 台光電（2383） 華　通（2313） 昇　貿（3305）

資料來源：各家公司財報

援，讓自駕車在開往基礎建設較少的郊區時仍能順暢運作。

　　低軌道衛星現階段的發展以美國或美系廠商的進度較快，新興的衛星運營商包含 SpaceX、OneWeb、Telesat，還有亞馬遜、Google 與臉書（Meta）等科技巨頭也紛紛加入衛星競賽當中。根據《新通訊元件》雜誌的報導，預估未來商業化應用的衛星數量在 10 年內將達 1 萬 7,000 顆，這些衛星主要將用於通訊上，且隨著衛星發射數量大增，小型衛星地面站（VSAT）以及地面接收設備需

求也會跟著增加。

　　隨著第 1 顆台灣自製氣象衛星「獵風者號」順利發射成功，也讓台廠在衛星通訊產業長期發展的成果更得到重視。過去台廠大多聚焦在中軌道衛星及高軌道衛星，但現在例如台揚（2314）、啟碁、金寶（2312）與穩懋（3105）等，都已隨著低軌道衛星商機開始發酵。除此之外，包括昇達科（3491）、精測（6510）與同欣電（6271）等，也陸續開始投入衛星產業鏈，並看好低軌道衛星的未來商機（詳見表 5）。

附　錄

應用工具篇

善用免費看盤軟體
快速篩出好標的

在技術面選股這方面，現階段已經有許多免費的看盤軟體可以作為輔助工具，幫助投資人更快速且更有效率地完成每天選股的研究功課。

舉例來說，嘉實資訊推出的看盤軟體「XQ 全球贏家（個人版）」中，就有一個相當不錯的功能可以用來做型態選股。目前此軟體除了提供免費註冊的服務，另外還有一些基本功能，包括程式語法編輯器、型態選股等都能讓投資人免費使用，有興趣的人可以下載試用看看。

此外，XQ 全球贏家（個人版）也有提供「跨券商下單」功能，投資人可透過系統直接下單到券商（目前 XQ 全球贏家（個人版）合作的券商有玉山、第一金、元大等 20 多家，並仍持續增加中），完整提供「看盤→策略→下單→回報」一條龍的服務！

　　其實習慣用電腦下單的投資朋友，看到 XQ 全球贏家（個人版）的介面一定會有非常熟悉的感覺，因為嘉實資訊與多家券商已經合作多年，市場上很多家券商的看盤與下單軟體都是由它所提供的，所以在使用上幾乎可以無縫接軌。

　　下面，我將教大家幾個 XQ 全球贏家（個人版）好用的功能，同時也會說明如何取得 XQ 全球贏家（個人版）的優惠碼：

功能1》型態選股

型態選股包含「做多趨勢選股」和「酒田戰法選股」（詳細說明可參考影片連結：https://youtu.be/DAqCVrCxlZs）：

①做多趨勢選股

做多趨勢選股包含VV底、有柄神燈、圓形底、湯匙向左撈、湯匙向右撈、V型底、頭肩底等幾種常見的型態，此處以「有柄神燈」為例：

STEP
1

登入XQ全球贏家（個人版）之後，點選上方❶「策略」，接著點選下拉選單中的❷「型態選股」。

接續下頁

新頁面跳出後，可選取左邊的❶「有柄神燈」。搜尋完成後會有對話框出現，點選對話框上的❷「確定」。接著，在畫面右上方即可看到❸符合條件的個股。

②酒田戰法選股

酒田戰法包含鎚頭、倒狀鎚子、多頭執帶、多頭母子、多頭吞噬、多頭遭遇等型態，此處以「多頭吞噬」為例：

重複前文做多趨勢選股Step 1的步驟，待新頁面跳出後，選取左側上方的❶「酒田戰法」，接著點選左側的❷「多頭吞噬」。搜尋完成後會有對話框出現，點選對話框上的❸「確定」。接著，在畫面右上方即可看到❹符合條件的個股。

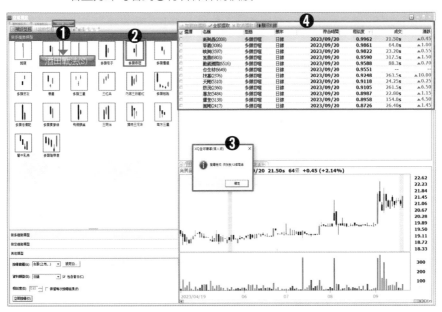

功能2》雲端策略中心

除了型態選股之外，XQ全球贏家（個人版）另有其他技術面選股策略可供訂閱。在雲端策略中心首頁，可以看到策略區分為「多、空」2種，在多、空分類下又依屬性將策略分為「短線、中線、長線」3種，讓使用者可以依照自己的投資習性，去尋找對應的相關策略。

首頁上還會顯示每個策略的勝率、總報酬率、平均報酬率等資訊，並以★作為評分的標準，★愈多表示分數愈高，另外再依勝率的高低進行策略排名。雲端策略中心的內容說明頁則有策略的回測報告，目的是希望藉由回測報告提供的歷史回測數據，讓用戶知道此策略過往的績效表現，以增添投資決策上的判斷資訊。此處以短線多方策略的「開盤5分鐘3創新高」為例說明：

STEP 1 登入XQ全球贏家（個人版）之後，點選網頁上方的❶「雲端策略中心」。

STEP 2

進入雲端策略中心後，點選左方選單中的❶「設定策略」，接著依序點選❷「多」，❸「開盤5分鐘3創新高」。

STEP 3

待頁面跳轉之後，就可以看到❶「開盤5分鐘3創新高」的回測報告頁面。

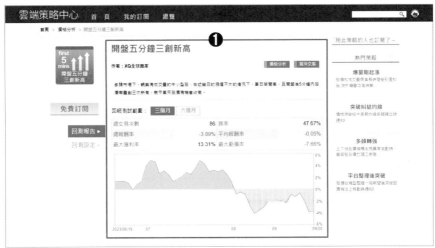

功能3》今日財經

XQ全球贏家（個人版）最近新推出了「今日財經」的內容，提供豐富且多元的財經資訊給投資人參考。

今日財經裡除了即時財經新聞之外，還結合國內一流的政經媒體，讓大家可以透過這個新聞平台掌握全球的財經動向，抓住每個投資機會。若投資人有特別偏好的個股，也可以透過「訂閱」自己有興趣的股票這個功能，即時掌握該公司的市場最新資訊。

STEP 1 　登入XQ全球贏家（個人版）之後，點選網頁下方的❶「今日財經」。

進入今日財經後，點選左方選單中的❶「新聞」，選取想看的新聞類型，此處以❷「頭條」為例。

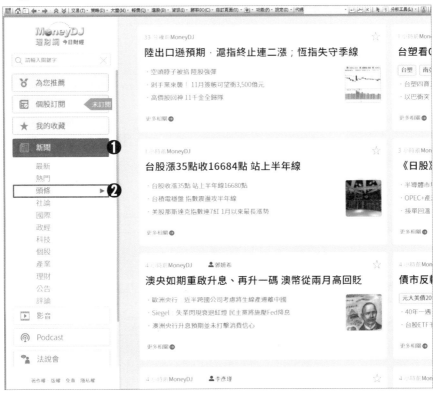

功能4》輸入優惠碼兌換點數

大家在下載程式的過程中,可以輸入我專屬的推薦碼「@RICH777」,將會有特別贈送給讀者的優惠點數可以使用。優惠碼輸入路徑如下:

①桌機版

STEP 1 登入XQ全球贏家(個人版)之後,點選網頁上方的❶「設定」。下拉選單出現後再點選❷「我的權限」。

STEP 2 在會員資料的❶「推薦人優惠碼」欄位中輸入推薦碼:「@RICH777」,或也可以等付款結帳時再輸入推薦碼。

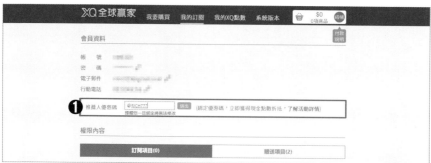

②手機版

STEP 1

開啟ＸＱ全球贏家手機版，點選功能捷徑中的❶「＞」符號。

STEP 2

進入❶「功能總覽」，找到❷「系統功能」，點選❸「我的優惠碼」。

接續下頁

點選❶「綁定其他人的優惠碼」。

 在上方空白欄位輸入推薦碼❶「@RICH777」。

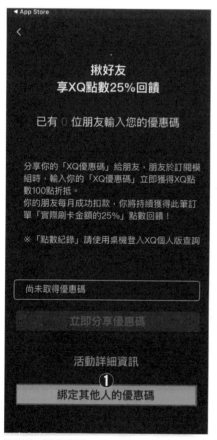

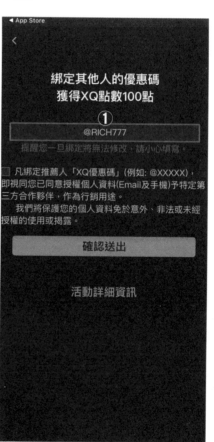

資料來源：XQ 全球贏家

Note

國家圖書館出版品預行編目資料

報價天王林信富分析師的超省力散戶投資術／林信富
著. -- 一版. -- 臺北市：Smart智富文化，城邦文化事業
股份有限公司，2023.12
　面；　公分
ISBN 978-626-97439-8-8（平裝）

1.CST：股票投資 2.CST：投資技術 3.CST：投資分析

563.53　　　　　　　　　　　　　　　　112019300

Smart 智富
報價天王林信富分析師的**超省力散戶投資術**

作者	林信富
企畫	周明欣
商周集團	
執行長	郭奕伶
總經理	朱紀中
Smart 智富	
社長	林正峰（兼總編輯）
總監	楊巧鈴
編輯	邱慧真、施茵曼、林禺盈、陳婕妤、陳婉庭、蔣明倫、劉鈺雯
資深主任設計	張麗珍
封面設計	廖洲文
版面構成	林美玲、廖彥嘉
出版	Smart 智富
地址	104 台北市中山區民生東路二段 141 號 4 樓
網站	smart.businessweekly.com.tw
客戶服務專線	（02）2510-8888
客戶服務傳真	（02）2503-5868
發行	英屬蓋曼群島商家庭傳媒股份有限公司城邦分公司
製版印刷	科樂印刷事業股份有限公司
初版一刷	2023 年 12 月
初版三刷	2024 年 02 月
ISBN	978-626-97439-8-8